SINOPSE DE REGISTRO CIVIL DAS PESSOAS NATURAIS

Copyright © 2018 Ricardo Augusto Silva Gimenez
Todos os direitos reservados.
ISBN: 9781729329689

SOBRE O AUTOR

Ricardo Augusto Silva Gimenez é bacharel em Direito pelo Centro Universitário de Votuporanga - UNIFEV (2011), especialista *Lato Sensu* em Direito Notarial e Registral pela Universidade Anhanguera-Uniderp (2014) e Direito Civil e Processual Civil pelo Centro Universitário de Rio Preto – UNIRP (2014). Oficial de Registro Civil das Pessoas Naturais de Estrela d'Oeste, Estado de São Paulo (2013).

Aos leitores, me coloco à disposição para eventuais críticas, dúvidas e sugestões pelo e-mail: ricardoasgimenez@gmail.com.

AGRADECIMENTOS

Direciono minhas palavras a todos que fizeram parte, de forma direta e indireta, da concretização desta obra, em especial, aos colegas de profissão, que tanto enaltecem esta bela atividade registral.

SUMÁRIO

1. Introdução e Noções Gerais 11
2. Princípios 23
    2.1. Princípio da Publicidade 23
    2.2. Princípio da Autenticidade 27
    2.3. Princípio da Segurança Jurídica 29
    2.4. Princípio da Eficácia 31
    2.5. Princípio da Legalidade 34
    2.6. Princípio da Independência ou Autonomia Registral 35
    2.7. Princípio da Imparcialidade 36
    2.8. Princípio da Conservação 37
    2.9. Princípio da Continuidade 41
    2.10. Princípio da Instância ou Rogação 43
    2.11. Princípio da Territorialidade 45
    2.12. Princípio da Imutabilidade do Nome 48
        2.12.1. Alteração de prenome e gênero 49
3. Ingresso na Atividade Registral 57
4. Prepostos e a Responsabilidade Civil e Criminal 63
5. Incompatibilidades e Impedimentos 66
6. Direitos e Deveres 69
7. Infrações Disciplinares e Penalidades ... 79
8. Extinção da Delegação 87
9. Escrituração e Ordem de Serviço 90
10. Averbações e Anotações 98

11. Emolumentos 104
12. Certidões 110
13. Registro de Nascimento 118
   13.1. Requisitos do Registro de Nascimento 119
   13.1.1. Tempo 119
   13.1.2. Registro de Nascimento Tardio 119
   13.1.3. Território 128
   13.1.4. Declarante do Registro 130
   13.1.5. Erros na Declaração de Nascido Vivo (DNV) 134
   13.1.6. Nome do Registrando 137
   13.1.7. Requisitos do Assento de Nascimento 138
   13.1.8. Indicação de Suposto Pai 143
   13.1.9. Reconhecimento de Filiação Espontânea 147
   13.1.10. Adoção 148
   13.1.10.1. Adoção do Menor 149
   13.1.10.2. Adoção do Maior 151
   13.1.10.3. Adoção Unilateral 151
14. Casamento 153
   14.1. Habilitação 155
   14.2. Impedimentos e Causas Suspensivas 162
   14.3. Celebração e Registro do Casamento 166
   14.3.1. Casamento em Caso de Moléstia Grave 172
   14.3.2. Casamento em Iminente Risco de Vida ou Nuncupativo 174
   14.3.3. Casamento Religioso com Efeito Civil 175

14.3.4. Casamento por Conversão de União Estável 177
14.4. Averbação de Divórcio 179
15. Registro de Óbito 184
15.1. Morte Real... 184
15.2. Morte Presumida................................... 191
15.3. Morte Ficta (ou Morte Presumida Com Decretação de Ausência)................................... 193
16. Registro de Natimorto 196
17. Registro de Emancipação 200
18. Registro de Interdição 203
19. Registro ou Averbação de Tutela 206
20. Registro de União Estável 208
21. Traslados de Assentos Estrangeiros de Brasileiros 213
21.1. Traslado de Nascimento 215
21.2. Traslado de Casamento 218
21.3. Traslado de Óbito 221
21.4. Registro de Nascimento de Nascidos no Brasil Filhos de Pais Estrangeiros a Serviço de seu País 222
22. Retificações, Restaurações e Suprimentos............... 224
Referência Bibliográficas............................... 229

1. Introdução e Noções Gerais

Os registros acompanharam parte da história do homem, cada qual a seu tempo. Assim, nos primórdios das civilizações, foram registradas determinadas realidades com inscritos em pedras, conhecidos como pinturas rupestres, artefatos, materiais bélicos, e todo tipo de sorte capaz de demonstrar vínculos, tradições e como a sociedade se comportava naquele espaço-tempo.

Menos remotamente, com o desenvolvimento da escrita e seu aprimoramento pelos sumérios, designada escrita cuneiforme, é que se conhece melhor o caminho percorrido pelos homens ao longo dos milênios.

É importante mencionar que o registro, *lato sensu*, deve compreender todo material capaz de fornecer dados e elementos a respeito de um objeto de estudo. Assim, leva-nos a crer que uma fundamental chave de estudo é também o aprofundamento da arqueologia, em decifrar como eram os rituais de nascimento e óbito, as celebrações de casamento que, em última análise, dava a publicidade necessária ao matrimônio, as manifestações religiosas, as cartas, enfim, tudo que pode ser registrado, por qualquer meio, é um importante aliado na busca da origem do homem.

Posto isto, é interessante comparar estes registros, ao menos para fins didáticos, com uma fotografia, que retrata algo importante, para que assim tenha perpetuação indefinida, e é justamente por meio destes registros que, conhecendo melhor o passado, podemos reformular o presente e melhorar o futuro.

Retornando aos dias atuais, podemos falar que a função notarial carrega em si fortes elementos registrários, visto que além de formalizar juridicamente a vontade das partes e intervir nos atos e negócios jurídicos, os tabeliães devem conservar as vias originais em seus livros de notas e expedir cópias fidedignas de seu conteúdo (art. 6°, I e II da Lei n. 8.935/94).

Assim, podemos notar que os notários além da função de assessoramento jurídico, têm por mister a guarda zelosa dos livros de notas, que por delegação do Estado lhe foi incumbido a função de depositário.

Concluindo, os livros notariais possuem carga registrária, visto que se encaixam no conceito *lato sensu* de registro, ou seja, registrando atos e fatos referentes a determinado espaço-tempo.

O mesmo ocorre com os livros na seara registral propriamente dita, ou seja, voltando os olhos exclusivamente ao registro civil das pessoas naturais podemos observar que a atribuições do registrador existem precipuamente para registrar atos e fatos, com isso garantindo publicidade e oponibilidade em face de todos.

Com enfoque no direito brasileiro temos o art. 236 da Constituição Federal, o qual apregoa que os serviços notariais e de registro serão exercidos em caráter privado, condicionada a delegação pelo Poder Público.

Interessante frisar que o texto constitucional se utiliza das palavras "caráter privado", todavia, muito embora a atividade seja exercida sob este viés, sofre fortes derrogações em favor do direito público, haja vista que a legislação pertinente é de direito público e cogente.

O caráter privado pode ser verificado, por exemplo, na ausência de aposentadoria compulsória para titulares de Serventia Extrajudicial. É o que foi decidido recentemente pelo plenário do Supremo Tribunal Federal no Recurso Extraordinário (RE) 647.827 ao analisar o tema 571 da repercussão geral, na data de 15/02/2017, fixando a seguinte tese:

"Não se aplica a aposentadoria compulsória prevista no art. 40, § 1º, II, da CF aos titulares de serventias judiciais não estatizadas, desde que não sejam ocupantes de cargo público efetivo e não recebam remuneração proveniente dos cofres públicos."

O que, aliás, foi no mesmo sentido ao que já era razoavelmente pacífico nos tribunais.

A contratação de prepostos não depende de concurso, ficando a critério do titular da serventia verificar a quantidade necessária para o bom atendimento público, inclusive com remuneração livremente ajustada e sob o regime da legislação do trabalho (art. 20, caput e § 1º da Lei n. 8.935/94).

Neste sentido é o art. 21 da lei n. 8.935/94, que diz que "o gerenciamento administrativo e financeiro dos serviços notariais e de registro é da responsabilidade exclusiva do respectivo titular, inclusive no que diz respeito às despesas de custeio, investimento e pessoal, cabendo-lhe estabelecer normas, condições e obrigações relativas à atribuição de funções e de remuneração de seus prepostos de modo a obter a melhor qualidade na prestação dos serviços."

Portanto, ao lado do caráter privado das Serventias Extrajudiciais encontram-se, *a priori*, ausência de aposentadoria compulsória, a livre contratação de prepostos, aplicação do regime celetista, autonomia de gestão e inexistência de teto para percepção de emolumentos.

Sofrendo derrogações de caráter público, tem-se a subsunção dos titulares à prestação de concurso público, fiscalização pelo Poder Judiciário e, recentemente, em decisão monocrática do Superior Tribunal de Justiça, datada de 25/01/2017, que o Tribunal de Contas também pode auxiliar a fiscalização das Serventias Extrajudiciais. Segue a decisão do RMS 52.925 - SC:

> "A concessão parcial da ordem parece acertada. Por um lado, não se mostra possível negar o fornecimento dos dados ao Tribunal de Contas, em razão da Lei do Acesso à Informação e de diversos dispositivos legais que outorgam competência para que sejam realizados estudos em prol da melhoria da prestação dos serviços públicos. Por mais que os cartórios possuem um regime peculiar de prestação, é certo que tais serviços são públicos. Em síntese, se os tribunais de contas podem auxiliar a fiscalização das concessões – sem se substituir ao poder concedente –, parece razoável que possa coadjuvar a fiscalização sobre os valores dos emolumentos, levada a termo pelos tribunais de justiça. Logo, não vejo fumus boni iuris para considerar ilegal a requisição de informações."

É importante mencionar que o Conselho Nacional de Justiça editou o Provimento n. 45 de 13 de maio de 2015 considerando obrigatória a fiscalização da regular observância da limitação remuneratória dos responsáveis interinamente por delegações vagas de notas e de registros públicos.

Isso que dizer que os interinos (responsáveis pelas serventias vagas) se submetem ao teto constitucional dos subsídios dos Ministros do Supremo Tribunal Federal, devendo lançar o valor excedente líquido a 90,25% no Livro Diário Auxiliar.

Com efeito, as despesas relativas a investimento, custeio e pessoal podem ser deduzidas para fins de teto remuneratório. Sendo assim, é garantido ao interino o percentual líquido de

90,25% da remuneração dos Ministros do Supremo Tribunal Federal.

A fim de evitar abusos com despesas descabidas o próprio Provimento n. 45/2015 diz que todos os investimentos que comprometam a renda da unidade vaga deverão ser objeto de projeto a ser encaminhado para a aprovação do Tribunal de Justiça competente (art. 13, III).

Para dar efetividade ao controle desmedido de gastos, o Provimento ainda menciona que os interinos não podem contratar novos prepostos, aumentar salários, contratar novas locações de bens móveis ou imóveis, equipamentos e serviços, que possam onerar a renda da unidade de modo continuado sem a prévia autorização do Tribunal, que no mais das vezes compete ao Juiz Corregedor Permanente (*v. g.* item 13, cap. XXI, Tomo II, NSCGJ-SP).

Entendemos que é preciso cautela na análise destas despesas por parte do Tribunal, sempre com os olhos voltados para o que determina o art. 236 da Constituição Federal. Assim, tendo em mira que o exercício dos serviços notariais e registrais possuem caráter privado, se, por exemplo, o interino optar por determinado serviço ou material mais custoso, mas com qualidade superior, nos parece razoável que não deve haver ingerência por parte do órgão jurisdicional, visto que o interino buscou atender o melhor interesse público em sintonia com o caráter privado da delegação.

Neste sentido andou bem a Corregedoria Geral da Justiça do Estado de São Paulo que definiu que as contratações meramente repositórias, que não impliquem oneração da serventia, e os reajustes salariais dos prepostos, realizados em virtude de Convenções Coletivas das Categorias, não se sujeitam à prévia aprovação do Juiz Corregedor Permanente que, no entanto, deverá simplesmente ser informado pelo interino (subitem 13.1, cap. XXI, Tomo II, NSCGJ-SP).

Este posicionamento encontrou harmonia entre o caráter privado da delegação em confronto com o interesse público, garantindo que não haja engessamento da atividade notarial e registral, podendo o interino repor o estoque, como papéis, tintas de impressora, utilidades de escritório, bem como reajustar os salários dos prepostos nos limites especificados pelas convenções coletivas de trabalho, bastando que posteriormente informe o Juiz Corregedor Permanente destas circunstâncias.

No tocante a escrituração, ordem dos serviços, composição de livros, preenchimento dos requisitos legais para a prática dos atos, classificadores obrigatórios, presunção de legitimidade e veracidade, fé pública, e muito mais, fazem a atividade extrajudicial ter resquícios de caráter público, até porque a essência do serviço é pública.

A lei regulará as atividades, disciplinará a responsabilidade civil e criminal dos notários, oficiais registradores e de seus prepostos e como será exercida a fiscalização pelo Poder Judiciário (art. 236, § 1º da Constituição Federal).

No tocante aos emolumentos – ou seja, os valores percebidos pelos notários e registradores, que se submetem às normas relativas aos tributos sob a espécie de taxas –, a Constituição Federal estabelece que lei federal fixará normas gerais a este respeito.

Por fim, o art. 236, § 3º da Constituição Federal diz que o ingresso na atividade notarial e de registro depende de concurso público de provas e títulos. Frise-se, provas e títulos. Dessa forma, não é possível concurso público para ingresso na atividade notarial e de registro composto apenas por provas, bem como não é possível apenas de títulos.

Além de não se permitir que qualquer serventia fique vaga, sem abertura de concurso de provimento ou de remoção, por mais de seis meses. Afirmação esta que, na maior parte dos entes federados, não tem se cumprido na prática.

A fim de complementar o art. 236, §§ 1º e 2º da Constituição Federal, temos duas legislações que para a atividade notarial e registral são como pedras angulares, que são as Leis Federais n. 8.935 de 18 de novembro de 1.994 e 10.169 de 29 de dezembro de 2.000.

No tocante a Lei Federal n. 6.015 de 31 de dezembro de 1.973, também conhecida como Lei de Registros Públicos (LRP), esta trouxe padronização nacional e modernização, vista a seu tempo, para a atividade registral.

Nosso trabalho será focado principalmente nestas três legislações federais, cumprindo esclarecer que a delegação dos serviços notariais e de registro ocorrem sob a égide do Poder Judiciário estadual, incumbindo a este a padronização local, regulamentação e fiscalização dos tabeliães e oficiais de registro. Para tanto, é comum que cada Tribunal de Justiça edite a consolidação normativa a este respeito, como por exemplo o Estado de São Paulo, sob a denominação de Normas de Serviço, já no Estado do Ceará, Código de Normas, assim como no Paraná. Em Rondônia, recebe o título de Diretrizes Gerais Extrajudiciais.

Portanto, em que pese uma rápida pesquisa e constatada as diversas variações linguísticas dos Códigos de Normas Extrajudiciais, em seu conteúdo tem a mesma finalidade, que é regulamentar, fiscalizar e padronizar os procedimentos no âmbito estadual referente às atividades notariais e registrais.

Saliente-se que, para concursos públicos, é de bom alvitre que o concursando aprofunde os estudos também nas Normas de Serviço elaboradas pelo órgão competente do

Tribunal de Justiça do Estado em que pretende ingressar na atividade extrajudicial.

Em interpretação autêntica, ou seja, aquela elaborada pelo próprio legislador, a lei n. 8.935/94, em seu art. 1º, define que os serviços notariais e registrais são aqueles de organização técnica e administrativa destinados a garantir a publicidade, autenticidade, segurança e eficácia dos atos jurídicos.

Para os registradores em si, a lei os identificou como sendo os delegados do exercício da atividade registral e definiu-os como profissionais do direito e dotados de fé pública (art. 3º da Lei n. 8.935/94).

A atividade registral é praticada em nome do próprio titular que, no caso específico dos registros civis das pessoas naturais, a lei identificou os titulares como sendo os oficiais de registro civis das pessoas naturais e de interdições e tutelas (art. 5º, VI da Lei n. 8.935/94). Portanto, toda a atividade contábil e tributária é incidente na pessoa física, inclusive eventuais responsabilidades civis. A Serventia Extrajudicial possui registro no Cadastro Nacional das Pessoas Jurídicas (CNPJ), servindo para meros fins fiscais, haja vista que não possui personalidade jurídica.

Destarte, a serventia ou o cartório não tem interesse de agir ou legitimidade para figurar ou postular em juízo. Caso haja demanda judicial em face do cartório, esta deverá ser extinta sem resolução de mérito com fundamento no art. 485, VI do Código de Processo Civil. Portanto, quem deve figurar como autor ou réu em ações judiciais é o titular da serventia, a pessoa física.

O registro civil das pessoas naturais é a atividade delegada pelo Poder Público que mais se aproxima do cidadão, até mesmo por sua capilaridade, estando presentes em todos os municípios brasileiros (art. 44, § 2º da Lei n. 8.935/94) e registrando os atos mais significativos da vida, principalmente o nascimento, casamento, união estável e óbito.

A serventia extrajudicial deve ter expediente aberto ao público por no mínimo seis horas diárias (art. 4º, § 2º da Lei n. 8.935/94), sendo assim, para o trabalho interno, horas extras, sábados, domingos e feriados, não há limite. É certo que a maioria das celebrações de casamentos civil ocorrem em dias não úteis.

A propósito, os serviços de registro serão prestados, de modo eficiente e adequado, em dias e horários estabelecidos pelo juízo competente, atendidas as peculiaridades locais, em local de fácil acesso ao público e que ofereça segurança para o arquivamento de livros e documentos.

Com efeito, o juiz corregedor permanente fixará os dias e horários para a prestação do serviço público, não inferior a seis horas diárias, que deve começar e terminar às mesmas horas em todos os dias úteis (art. 8º da Lei n. 6.015/73). Vale ressaltar que o serviço de registro civil das pessoas naturais também será prestado aos sábados, domingos e feriados pelo sistema de plantão.

Em São Paulo, caso o oficial pretenda realizar a mudança de endereço da serventia extrajudicial, a fim de que o serviço público seja prestado em local de fácil acesso e que ofereça segurança para arquivamento dos livros e documentos, dependerá de prévia autorização do juiz corregedor permanente (subitem 21.3, cap. XIII, Tomo II, NSCGJ-SP).

Também há tratamento específico no Estado de São Paulo com relação as horas de prestação do serviço público pelas serventias extrajudiciais, hipótese em que havendo no mínimo 03 (três) escreventes, deverá ter horário ininterrupto, ou seja, não poderá fechar as portas para horário de almoço (item 86, capítulo XIII, Tomo II, NSCGJ-SP).

Excepcionalmente, o juiz corregedor permanente, com decisão referendada pela Corregedoria Geral da Justiça e por meio de decisão fundamentada, poderá dispensar determinada unidade extrajudicial de cumprir o horário ininterrupto. Importante reverberar que as decisões do juízo corregedor permanente que dispensarem o horário ininterrupto, só entrarão em vigor depois de referendadas pela Corregedoria Geral da Justiça (subitens 86.1 e 86.2, capítulo XIII, Tomo II, NSCGJ-SP).

Os registradores possuem papel fundamental ao traçar um balanço da população, uma vez que segundo o art. 49 da Lei n. 6.015/73, os oficiais deverão remeter ao IBGE mapas estatísticos.

Em que pese esta previsão legal, no Estado de São Paulo, a Fundação SEADE em convênio com o IBGE fica incumbida do recebimento dos mapas estatísticos (item 27, cap. XVII, Tomo II, NSCGJ).

Os registradores civis das pessoas naturais cumprem outros papéis de extrema relevância para a sociedade, entre os quais o de comunicar os óbitos ao INSS (art. 68 da Lei n. 8.212/91), a Secretaria da Receita Federal e de Segurança Pública da unidade da federação que tenha emitido a cédula de identidade (art. 80, parágrafo único da Lei n. 6.015/73), ao juiz eleitoral (art. 71, § 3º do Código Eleitoral), ao Ministério da Defesa (art. 28 do Decreto-Lei n. 1.187/39), ao Ministério da Justiça (art. 46 da Lei n. 6.815/80) e, por fim, no Estado de São Paulo há previsão também de que se comunique a Secretaria da Fazenda (art. 27 da Lei Estadual n. 10.705/2000).

Percebe-se que a função do registrador civil é de extrema importância para a sociedade, inclusive para a sua manutenção e economia do erário público, haja vista que as diversas comunicações servem, entre outras, para o cancelamento de benefícios previdenciários, evitar fraudes, garantia da segurança nacional, conhecimento sobre quem deixou bens e possíveis recolhimentos de impostos.

Ademais, com o advento da Lei n. 13.484/2017, que incluiu o art. 29, § 3º na Lei n. 6.015/73, os ofícios de registro civil das pessoas naturais agora são considerados ofícios da cidadania e estão autorizados a prestar outros serviços remunerados, na forma prevista em convênio, em credenciamento ou em matrícula com órgãos públicos e entidades interessadas.

Isto quer dizer que provavelmente em breve os cartórios de registro civil emitirão passaportes, documentos de identificação e muito mais, facilitando a vida do usuário do serviço público, ainda mais em virtude da capilaridade dos cartórios de registro civil, que estão presentes em praticamente todas as cidades do Brasil.

Por fim, o convênio, credenciamento ou matrícula com órgãos públicos e entidades interessadas independe de homologação e será firmado pela entidade de classe dos registradores civis de pessoas naturais de mesma abrangência territorial do órgão ou da entidade interessada (art. 29, § 4º da Lei n. 6.015/73).

Ao prever que independe de homologação andou bem o legislador, pois, ciente do determinado pela Constituição Federal em seu art. 236, os serviços notariais são exercidos em caráter privado por delegação do Poder Público, de forma a garantir maior liberdade aos registradores civis, os quais podem prestar um serviço público de qualidade sem qualquer ingerência política.

Para regulamentar os ofícios da cidadania, em abrangência nacional, o Conselho Nacional da Justiça editou o Provimento n. 66 de 25 de janeiro de 2018.

Ocorre que mediante o ajuizamento da ação direta de inconstitucionalidade (ADI) n. 5855 MC / DF o Ministro Relator Alexandre de Moraes, em decisão datada de 18 de dezembro de 2017, concedeu medida cautelar determinando a imediata suspensão da eficácia do art. 29, §§ 3º e 4º da Lei n. 6.015/73, na redação dada pela Lei 13.484/2017.

Posteriormente o mesmo Ministro Relator proferiu decisão, datada de 26 de fevereiro de 2018, determinando a imediata suspensão da eficácia do Provimento n. 66, de 25 de janeiro de 2018, editado pelo Conselho Nacional de Justiça.

2. Princípios

Princípios são os elementos norteadores da atividade jurídica, em todas as esferas dos Poderes, seja no legislativo, executivo ou judiciário. Ademais, tem papel fundamental para dirimir conflitos aparentes de leis e atos administrativos nos casos em concreto.

É estudo imprescindível para compreender as normas que regem a atividade extrajudicial do registro civil das pessoas naturais e a sua aplicação.

De forma categórica, podemos afirmar que "princípios jurídicos, sem dúvida, significam os *pontos básicos*, que servem de ponto de partida ou de elementos vitais do próprio Direito. Indicam o *alicerce* do Direito" (SILVA, de Plácido e, 2008, p. 1097).

Ciente da importância dos princípios em todos os ramos do direito, nisto incluído o direito registral, é de bom alvitre recordar que embora narrados em tópicos separados para fins didáticos, todos os princípios se interligam e se complementam, formando um todo unitário imprescindível para o exercício da atividade jurídica.

Passemos a analisá-los pontualmente.

2.1. Princípio da Publicidade

Os atos praticados pelos oficiais de registro civil das pessoas naturais são públicos, todavia, isto não quer dizer que qualquer usuário do serviço tem acesso irrestrito aos livros e classificadores da Serventia Extrajudicial.

A publicidade é a regra, a qual, na atividade prática, se dá por meio de certidões. Destarte, os oficiais e seus prepostos são obrigados a lavrar certidões do que lhes for requerido, bem como fornecerem aos usuários do serviço público as informações que lhes forem solicitadas.

Com efeito, qualquer pessoa pode requerer certidão do que lhe for necessário, independente de informar o motivo ou interesse da solicitação.

Neste sentido, os arts. 16 e 17 da Lei de Registros Públicos (Lei n. 6.015/73) dizem que:

"Art. 16. Os oficiais e os encarregados das repartições em que se façam os registros são obrigados:

1º a lavrar certidão do que lhes for requerido;

2º a fornecer às partes as informações solicitadas.

Art. 17. Qualquer pessoa pode requerer certidão do registro sem informar ao oficial ou ao funcionário o motivo ou interesse do pedido."

Caso haja óbice injustificado no fornecimento de certidões por parte do oficial de registro, é possível a impetração do remédio constitucional denominado mandado de segurança, tendo em vista que o oficial violou direito líquido e certo. É importante frisar que neste caso o remédio constitucional não é o habeas data, mas sim mandado de segurança.

No Estado de São Paulo há previsão expressa que, se por qualquer motivo o oficial de registro civil das pessoas naturais não puder fornecer certidões, deverá certificar a recusa no próprio requerimento ou dará nota explicativa para que o interessado possa, conhecendo os motivos, levá-los ao conhecimento do Juiz Corregedor Permanente (item 23, cap. XVII, Tomo II, NSCGJ).

O que deve ser acatado por todos os estudiosos deste ramo, uma vez que é dever do registrador atender as partes com eficiência, urbanidade e presteza e facilitar, por todos os meios, o acesso à documentação existente (art. 30, II e XII da Lei n. 8.935/94).

Caso interessante ocorreu em São Paulo, capital, quando o usuário do serviço registral se diligenciou ao 2º oficial de registro de imóveis solicitando que lhe fosse fornecido "xerox das matrículas" dos imóveis, conforme pode ser verificado no processo CP n. 667/89 - 1ª Vara de Registros Públicos.

Diante da recusa pelo oficial, foi impetrado mandado de segurança, que no mérito decidiu ser inviável à concessão da segurança, afirmando ser certo que o cidadão tem direito constitucional a certidões, "entretanto, e por este mesmo direito, que o Cartório é obrigado a fornecer CERTIDÃO, e não cópia xerox das matrículas, como parece pretender o impetrante", e continuou que a "esse respeito, aliás, o art. 16, par. 1º da L.R.P., sem embargo desta mesma certidão poder vir oferecida até mesmo por meio reprográfico (art. 19, par. 1º da LRP)."

Acertada a decisão datada de 19 de janeiro de 1990, proferida pelo Juiz de Direito Dr. Luis Soares de Mello Neto, que inclusive mencionou a possibilidade de a certidão ser extraída por meio reprográfico, com a devida fé pública que lhe é inerente, jamais podendo ser emitida por meio de simples xerox.

A publicidade dos atos registrais, conforme já mencionado, é a regra. A exceção encontra respaldo constitucional, como na preservação da intimidade, privacidade e dignidade da pessoa humana.

Quando ocorre conflito de princípios é necessário que se realize a ponderação e valoração, para que se chegue a melhor conclusão possível. Por isso os atos que possam gerar constrangimento ou que sejam estritamente sigilosos, não se deve dar publicidade, por exemplo os motivos pelos quais ocorreu a perda do poder familiar, natureza da filiação, estado civil dos pais, bem como o cartório de casamento destes.

Ademais, a Lei n. 8.560/92, afirma "que das certidões de nascimento não constarão indícios de a concepção haver sido decorrente de relação extraconjugal" e que também "não deverá constar, em qualquer caso, o estado civil dos pais e a natureza da filiação, bem como o lugar e cartório do casamento, proibida referência à presente lei." (art. 6º, *caput* e § 1º).

A lei acima citada está em consonância com a Constituição Federal em que "os filhos, havidos ou não da relação do casamento, ou por adoção, terão os mesmos direitos e qualificações, proibidas quaisquer designações discriminatórias relativas à filiação." (art. 227, § 6º da CF).

Em momento oportuno falaremos sobre a expedição da certidão em inteiro teor, também conhecida como *verbo ad verbum*, ou seja, palavra por palavra, todavia, adiantando o tema, nesta modalidade de extração de certidão se consta tudo o que está transcrito no assento, de forma idêntica, não podendo suprimir absolutamente nada. Diante disso, como o oficial de registro poderá extrair as certidões em inteiro teor referente aos assentos que constam elementos nos quais são vedadas a publicidade?

A Lei n. 8.560/92, no art. 6º, § 2º, permitiu a expedição de certidões em inteiro teor nestes casos desde que mediante autorizações ou requisições judiciais, em decisão fundamentada, assegurados os direitos, as garantias e interesses relevantes do registrado.

Na maioria das unidades da federação, na qual se inclui o Estado de São Paulo, esta autorização é realizada pelo juiz corregedor permanente que possui autoridade fiscalizadora sob a serventia extrajudicial, sendo que a decisão judicial neste caso possui natureza jurídica de ato administrativo.

Outro viés do princípio da publicidade é que em virtude de os registros serem públicos, presumem-se oponíveis *erga omnes*, ou seja, todas as pessoas detêm, ao menos em tese, conhecimento do que está registrado.

2.2. Princípio da Autenticidade

O princípio da autenticidade encontra esteira no art. 1º da Lei n. 8.935/94, também conhecida como Lei dos Notários e Registradores, em que afirma ser o serviço de registro destinado a garantir a autenticidade dos atos jurídicos.

A autenticidade, verificada pelos oficiais de registro civil das pessoas naturais, visam impor um filtro e separar o que tem respaldo jurídico daquilo que não tem. Com efeito, para bem cumprir esta atribuição a lei considera os delegados do serviço público como profissionais do direito dotados de fé pública (art. 3º da Lei n. 8.935/94).

Os documentos e atos jurídicos que passam pelo crivo do registrador é justamente para que haja a verificação por aquele a quem a lei atribuiu este mister de verificar se estão de acordo com as leis e atos administrativos. Não sendo juridicamente possível a recepção do documento ou a prática do ato, o registrador deve se recusar, emitindo as razões por escrito e juridicamente fundamentada.

Conforme pensamento de Mario de Carvalho Camargo Neto e Marcelo Salaroli de Oliveira (2014, I, p. 60-61), não incumbem aos oficiais uma análise aprofundada dos documentos que lhe são apresentados, haja vista que não são peritos; também não lhes é facultado exigir mais do usuário do serviço do que a lei prevê.

Concordamos com o posicionamento acima exposto, acrescentando que embora não incumbam aos oficiais uma análise aprofundada dos documentos que lhe são apresentados, nem por isso devem se eximir de proceder criteriosamente, verificando se há indícios de rasuras ou adulterações.

Não é atribuição do oficial de registro dificultar o acesso aos registros que se fizerem necessários. A autenticidade confere qualificação positiva quando preenchidos os requisitos legais. Portanto, se o legislador entender que em determinada situação é suficiente a declaração particular para garantir acesso aos registros públicos, assim deve cumprir o registrador.

O registrador atua na seara administrativa e, por consequência, sujeito ao princípio da legalidade estrita, somente lhe sendo possível a prática ou a omissão de atos previstos em lei ou normas administrativas regulamentadoras, sem acrescentar ou diminuir aquilo que lhe é determinado.

Destarte, como já afirmado, muito embora a atividade registral seja exercida em caráter privado, a sua função é pública, a qual limita a atuação subjetiva do registrador, impondo-lhe o dever de não exigir mais do que o previsto na legislação. Também não deve o registrador exigir menos do que o legalmente previsto para o caso em concreto, sob pena de também afrontar o princípio da legalidade estrita.

Por óbvio, o oficial de registro não pode ser responsabilizado em qualquer esfera, seja civil, penal ou administrativa, se o usuário do serviço público cumpriu com a apresentação dos documentos legalmente exigidos para a prática do ato, de forma que o oficial emitiu qualificação positiva. Nada obsta, porém, que suspeitando de falsidade ou outro motivo juridicamente plausível, por força do princípio da autenticidade, de forma motivada, realize qualificação negativa e impeça que o ato seja lavrado, sendo que nesta hipótese o usuário do serviço público poderá recorrer a via judicial.

2.3. Princípio da Segurança Jurídica

O princípio da segurança jurídica talvez seja o mais importante, pois é nele que se baseia toda a atividade registral, tendo, em última análise, a característica de que os atos emanados dos serviços extrajudiciais são provas pré-constituídas e possuem presunção de veracidade de seu conteúdo, embora se admitam outras provas em sentido contrário (presunção *juris tantum* ou relativa).

A segurança jurídica existe por acreditar que os atos registrais são pautados em estrita obediência aos demais princípios e a lei. Assim, quando é declarado um registro de nascimento, presume-se que o ato (revestido de autenticidade), foi praticado de acordo com o princípio da legalidade, obedecendo os requisitos necessários e com eficácia.

Também decorre deste princípio a oponibilidade *erga omnes* dos registros públicos, haja vista ser imprescindível esta presunção para harmonia em sociedade, uma vez que a todos é facultado conhecer dos atos registrados e, assim sendo, aquele que registrou determinado ato tem a segurança jurídica de que os efeitos necessários serão alcançados e respeitados por todos.

As decisões judiciais homenageiam o princípio da segurança jurídica presente nos atos registrais, sendo que há homogeneidade de sentenças e acórdãos no sentido de que os assentos constantes dos registros públicos prevalecem sobre os atos paroquiais, como por exemplo, registros de batismo.

Em acórdão proferido pelo Tribunal de Justiça do Estado de São Paulo reverbera-se que o conflito entre a certidão de batismo e o assento de registro público, deve prevalecer em regra o último, por força do princípio da presunção de veracidade dos documentos públicos e do princípio da segurança jurídica, conforme segue parte da fundamentação:

> "Considerando os princípios da segurança jurídica dos registros públicos e da presunção de veracidade dos documentos públicos, a certidão de batismo, documento particular, não pode prevalecer, sem prova robusta de erro, sobre o registro civil."

Aproveitamos para transcrever a ementa do julgado acima citado, que segue:

> "RETIFICAÇÃO DE REGISTRO – ALEGADO EQUÍVOCO NA CERTIDÃO DE NASCIMENTO – ÚNICO DOCUMENTO QUE FUNDAMENTA A PRETENSÃO INICIAL CONTÉM INFORMAÇÕES DIVERGENTES ACERCA DA FILIAÇÃO – AUSÊNCIA DE PROVA DE ERRO - AÇÃO IMPROCEDENTE – DECISÃO MANTIDA - RECURSO NÃO PROVIDO. (TJSP; Apelação 1026396-19.2014.8.26.0224; Relator (a): Erickson Gavazza Marques; Órgão Julgador: 5ª Câmara de Direito Privado; Foro de Guarulhos - 3ª Vara Cível; Data do Julgamento: 21/06/2017; Data de Registro: 23/06/2017)"

É oportuno e didático colacionar a ementa de outro julgado que deixou de forma bastante cristalina como os princípios influenciam a atividade registral, de forma que julgou improcedente pedido que visava alterar a data de nascimento com base apenas em certidão de registro de batismo, conforme segue:

"REGISTROS PÚBLICOS. Ação de retificação de assento de nascimento. Autora que pretende a alteração da data de seu nascimento com base apenas em certidão de registro de batismo. Descabimento. Certidão de batismo que não é hábil a afastar presunção de veracidade que milita em favor do ato registrário. Não comprovado erro no assento constante do registro civil. Sentença mantida. Recurso desprovido (1ª Câm. Dir. Priv., AP 0037411-76.2011.8.26.0007, rel. Des. RUI CASCALDI, j. 30/9/2014)."

De fato, pode-se compreender que milita presunção de veracidade em favor dos atos lavrados no registro público, não menos lógico, portanto, pode-se deduzir que esta presunção decorre do princípio da segurança jurídica, visto que permeia toda a atividade registral.

Deve-se analisar o princípio da segurança jurídica em cotejo com o princípio da autenticidade, visto que o registrador, profissional do direito que é, realiza um filtro jurídico dos documentos e atos que preenchem o requisito da autenticidade e estão aptos a ingressar nos registros públicos, mas sem se desvencilhar da análise da segurança jurídica.

Com efeito, se apresentados documentos originais, sem indícios de adulteração ou rasura, e, portanto, preenchido o princípio da autenticidade, ainda deve o oficial analisar o princípio da segurança jurídica e verificar, por exemplo, se os documentos são hábeis à suficiente identificação de seus portadores.

2.4. Princípio da Eficácia

A eficácia dos atos que acessam o fólio registral é oponível em face de todos. Este princípio tem por fundamento a característica de que os efeitos não serão apenas *inter partes*, mas sim *erga omnes*.

Cumpre esclarecer que a maioria dos atos registrados não são constitutivos, mas apenas declaratórios. Assim, por exemplo, o nascimento é um fato natural e a lei garante personalidade jurídica a todo aquele que nasça com vida (art. 2º, CC), independentemente de ter sido registrado ou não, portanto, tem o registro de nascimento mero efeito declaratório.

O mesmo ocorre com o casamento, que se dá por realizado no momento em que os contraentes manifestam a vontade de estabelecer vínculo conjugal e o juiz os declara casados (art. 1.514, CC).

É importante salientar que a eficácia contra terceiros depende do registro, todavia, a eficácia dos atos entre as partes independe dos registros públicos. Portanto, é plenamente defensável que o contrato de união estável não levado a registro no cartório de registro civil das pessoas naturais gera plenos efeitos entre os conviventes.

O mesmo raciocínio se aplica aos pactos antenupciais lavrados pelos tabeliães de notas, vez que se não forem levados a registro no oficial de registro de imóveis, não terão efeitos perante terceiros (art. 1.657, CC). Por outro lado, entre as partes o pacto antenupcial é plenamente eficaz, ainda que não registrado. Ora, vejamos:

> "Art. 1.657. As convenções antenupciais não terão efeito perante terceiros senão depois de registradas, em livro especial, pelo oficial do Registro de Imóveis do domicílio dos cônjuges."

Essa é a melhor interpretação que pode se dar ao art. 1.653 do Código Civil, pois na parte final do dispositivo legal diz que o pacto antenupcial é ineficaz se não lhe seguir o casamento. Mais uma vez, vejamos:

"Art. 1.653. É nulo o pacto antenupcial se não for feito por escritura pública, e ineficaz se não lhe seguir o casamento."

Então resta a pergunta: realizado o pacto antenupcial e celebrado o casamento, portanto, o pacto é eficaz, mas não procedido ao registro do pacto antenupcial no oficial de registro de imóveis. Neste caso, o pacto terá eficácia contra quem? Acreditamos que somente terá eficácia *inter partes*, de forma que para se ter eficácia *erga omnes* será necessária a lavratura no registro de imóveis situado no domicílio conjugal. Ademais, o art. 244 da Lei n. 6.015/73, que trata do registro do pacto antenupcial no registro de imóveis, na parte final, diz que as escrituras antenupciais serão registradas "para ciência de terceiros", conforme segue:

"Art. 244 - As escrituras antenupciais serão registradas no livro nº 3 do cartório do domicílio conjugal, sem prejuízo de sua averbação obrigatória no lugar da situação dos imóveis de propriedade do casal, ou dos que forem sendo adquiridos e sujeitos a regime de bens diverso do comum, com a declaração das respectivas cláusulas, para ciência de terceiros."

Para melhor exemplificar, podemos citar o § 1º do art. 100 da LRP, que se refere as averbações no assento de casamento, dizendo que "antes de averbadas, as sentenças não produzirão efeito contra terceiros."

Destarte, na hipótese das partes já se terem divorciado judicialmente, todavia, ainda não averbado, homenageia-se o princípio da boa-fé, visto que se ainda não realizada a averbação de divórcio no assento de casamento este não possuirá efeitos *erga omnes*.

Por fim, não se deve confundir princípio da eficácia com o da eficiência, pois este último está atrelado ao art. 37, *caput*, da Constituição Federal. Neste sentido, temos que "o objetivo do princípio da eficiência é assegurar que os serviços públicos sejam prestados com adequação às necessidades da sociedade que os custeia." (ALEXANDRINO; PAULO, 2014, p. 213).

O princípio da eficiência está contido na atividade registral, porém, conforme visto, não se confunde com o princípio da eficácia, haja vista que este é diretamente ligado aos efeitos dos atos.

2.5. Princípio da Legalidade

O registrador deve estar atento se o ato desejado preenche todos os requisitos e formalidades legais para o ingresso no fólio registral. Ademais, o oficial deve ser profundo conhecedor do código de normas ou normas de serviço editadas pelo tribunal ao qual esteja vinculado, bem como dos atos administrativos oriundos do Conselho Nacional de Justiça, que visam a uniformização da atividade registral em todo território nacional.

É, pois, dever o oficial além da observância às leis, observar também as normas técnicas estabelecidas pelo juízo competente (art. 30, XIV da Lei n. 8.935/94).

O oficial de registro, como profissional do direito, não se atém meramente a subsumir o ato solicitado à lei, mas o faz em um contexto, analisando sumariamente os documentos apresentados, se estão em boas condições e transmitem segurança jurídica, bem como se a vontade é manifestada de forma livre e consciente.

Caso o registrador entenda não ser possível o aperfeiçoamento do ato, deve fazer por meio de qualificação negativa, expondo os motivos justos para a recusa, de forma clara e objetiva. Se o requerente não se conformar com a nota explicativa, poderá suscitar dúvida, a teor dos artigos 198 e

296 da Lei n. 6.015/73, para que a divergência seja dirimida pelo juízo competente.

2.6. Princípio da Independência ou Autonomia Registral

Este princípio está expresso no art. 28 da Lei n. 8.935/94, visto que "os notários e oficiais de registro gozam de independência no exercício de suas atribuições, têm direito à percepção dos emolumentos integrais pelos atos praticados na serventia e só perderão a delegação nas hipóteses previstas em lei."

É fundamental para o bom exercício da atividade registral que se garanta a independência funcional, sem qualquer forma de hierarquia, restando ao Poder Judiciário o controle finalístico do bom desempenho da atividade e sua consequente fiscalização.

Para tanto, a Lei n. 8.935/94 reconhece o registrador como profissional do direito (art. 3º), de forma que sua atuação fica condicionada unicamente a lei e as normas administrativas regulamentadoras.

Ademais, conforme já mencionado, o art. 28 da lei orgânica dos notários e registradores (Lei n. 8.935/94) também preconiza que os oficiais têm direito à percepção integral dos emolumentos e só perderão a delegação nas hipóteses previstas em lei. Resta claramente evidenciado que estas duas garantias expressas visam manter a independência funcional.

É interessante mencionar que a autonomia registral é corolário do exercício da atividade em caráter privado. Se não houvesse esta independência registral, prejudicaria sobremaneira o exercício em caráter privado, pois além de burocratizar a atividade jurídica, engessaria também a gestão administrativa da Serventia Extrajudicial.

2.7. Princípio da Imparcialidade

No exercício da atividade registral, como contrapeso à independência registral, existe o princípio da imparcialidade, ou seja, muito embora o oficial de registro mantenha autonomia no exercício da atividade, esta deve ser praticada de forma imparcial.

Dessa maneira, deve-se ter tratamento igualitário com todos os usuários do serviço público, não prevalecendo um em detrimento do outro, realizando as qualificações com total e absoluta isenção.

A fim de garantir a imparcialidade, segundo Leonardo Brandelli, podemos citar o "regime de impedimentos (v. g., art. 27 da Lei n. 8.935/94), bem como a obrigação de segredo profissional (art. 30, VI, da Lei n. 8.935/94) e um sistema de responsabilidades civil, administrativa e criminal (arts. 22, 23, 24 e 31 da mesma lei)" (apud CAMARGO NETO; OLIVEIRA, 2014, p. 63).

A imparcialidade presente na atividade registral deve ser analisada em sintonia com o princípio da isonomia, de forma que distinções justificadas não são consideradas rupturas ao princípio da imparcialidade, visto que estão previstas em lei com caráter vinculado, devendo o oficial assim proceder com o escopo de atingir a igualdade material.

Podemos citar o art. 30, III da Lei n. 8.935/94 que determina aos oficiais e notários o dever de "atender prioritariamente as requisições de papéis, documentos, informações ou providências que lhes forem solicitadas pelas autoridades judiciárias ou administrativas para a defesa das pessoas jurídicas de direito público em juízo."

Entendemos perfeitamente constitucional este dispositivo legal, tendo em vista que as pessoas jurídicas de direito público são regidas pelo princípio da supremacia do interesse público, sendo justificado, portanto, a diferenciação prevista em lei, razão pela qual não há quebra da imparcialidade do registrador ao atender prioritariamente as requisições emanadas das autoridade judiciárias ou administrativas para a defesa das pessoas jurídicas de direito público em juízo.

Também podemos citar o atendimento prioritário aos idosos, às gestantes, às lactantes e outros, hipóteses em que o cumprimento desta exigência não romperá com a imparcialidade do registrador, pelo contrário, dará efetiva cidadania ao usuário do serviço público.

Em contrapeso, o oficial não deve ser sujeito passivo e se coadunar com indícios de abusos de direitos, podendo, mediante o seu prudente critério, recusar-se a conceder prioridade de atendimento nestes casos (subitem 88.2, cap. XIII, Tomo II, NSCGJ-SP).

2.8. Princípio da Conservação

Os livros, classificadores e demais documentos relativos à atividade registral, devem permanecer nos arquivos do cartório, indefinidamente (art. 26 da Lei n. 6.015/73).

O delegado não é proprietário do acervo do cartório (este pertence ao Estado), mas mero depositário, que se utiliza dos livros e demais papéis para atingir um fim, sendo este a prestação do serviço público.

Para tanto, deve zelar pela segurança, ordem e conservação do acervo, de forma permanente, arquivando-os de maneira racional, para que sejam facilitadas as buscas (arts. 24 e 25 da Lei n. 6.015/73).

Segundo a Lei n. 8.935/94, é dever do notário e dos oficiais de registro manter em ordem os livros, papéis e documentos de sua serventia, guardando-os em locais seguros (art. 30, I).

Também é importante salientar que a Lei n. 6.015/73, no art. 25, parte final, já facultava a utilização de microfilme e de outros meios de reprodução autorizados em lei. Esta norma deve ser interpretada hodiernamente. Com os avanços tecnológicos, principalmente na seara da informática, é muito comum provimentos autorizando o escaneamento de livros, classificadores e documentos para preservação e conservação.

Neste sentido foi editado pela E. Corregedoria Geral da Justiça do Estado de São Paulo o Provimento CG n. 22/2014, em que estabelece a elaboração e regulamentação dos arquivos de segurança (*backups*) pelas serventias extrajudiciais.

O Conselho Nacional de Justiça por meio do provimento n. 74 de 31 de julho de 2018 regulamentou os padrões mínimos de tecnologia da informação para a segurança, integridade e disponibilidade de dados para a continuidade da atividade pelas serventias extrajudiciais.

Entre outras medidas ficou determinado que os cartórios devem realizar cópias de segurança dos livros e atos eletrônicos em intervalos não superiores a 24 horas, em mídia eletrônica a ser armazenada em local distinto da serventia, bem como em nuvem (art. 3°, §§ 1°, 3° e 4°).

Diante do acima exposto, mire-se a importância que é dada à proteção e conservação do acervo, tanto pela lei quanto pelas normas administrativas, com o objetivo de assegurar que os registros permaneçam acessíveis, em regra, por prazo indeterminado.

Por outro lado, o arquivamento excessivo de documentos gera desperdício de tempo, dificulta a localização de atos importantes, burocratizando algo desnecessário e prejudicando o usuário do serviço público. Assim, é comum que normas administrativas regulamentem os documentos que devem ser digitalizados e, após determinado período, autorizada a sua destruição física.

A título de exemplo, o item 17, cap. XIV, Tomo II das Normas de Serviço do Extrajudicial de São Paulo prevê diversos documentos que, após a gravação por processo eletrônico e decorrido certo período, podem ser inutilizados; já o item 18 do mesmo diploma, prevê outros documentos que, mesmo sem gravação eletrônica, também podem ser inutilizados após determinado período.

Neste raciocínio, é prudente que alguns atos e documentos já digitalizados, ainda assim, sejam mantidos em arquivo e conservados, por exemplo os livros de registro, até mesmo para que se efetuem as averbações e anotações à margem. Partilhamos do posicionamento que outros documentos menos importantes, analisados casuisticamente, sejam mantidos e gravados somente em meio eletrônico, com os meios de segurança necessários.

O provimento n. 50 de 28 de setembro de 2015 oriundo do Conselho Nacional de Justiça dispõe sobre a conservação de documentos nos cartórios extrajudiciais, autorizando o descarte após determinado período, desde que sejam previamente desfigurados, de modo que as informações não possam ser recuperadas, especialmente as indicações de identidade pessoal e assinaturas e com a comunicação semestral ao juízo competente (arts. 2º e 3º).

Nos termos do provimento acima, as declarações de nascido vivo e de óbito devem ser guardadas pelo prazo mínimo de 1 ano, os processos administrativos que tramitaram na própria serventia, por exemplo, de retificação ou de registro de nascimento tardio, bem como os mandados de averbação ou outros documentos que deram origem a averbações, deverão ser guardados pelo prazo mínimo de 5 anos. Após este prazo de 5 anos poderão ser descartados, sendo desnecessária a microfilmagem ou digitalização dos documentos.

Os processos de habilitação para casamento celebrados podem ser descartados em 5 anos desde que microfilmados ou digitalizados, já os processos de habilitação dos casamentos não ocorridos, bem como os editais de proclamas afixados, podem ser descartados em 6 meses, independentemente de microfilmagem ou digitalização.

Os documentos referentes ao suprimento de idade ou consentimento somente podem ser descartados em 2 anos após o trânsito em julgado da sentença, desde que devidamente microfilmados ou digitalizados.

As comunicações também podem ser descartadas em 2 anos e as declarações de hipossuficiência em 1 ano, independentemente de qualquer digitalização.

Os documentos que instruíram o registro (feitos referentes a brasileiros no exterior, após registro no Registro de Títulos e Documentos; opções de nacionalidade etc.), podem ser descartados em 5 anos após o efetivo registro no Livro E, sendo desnecessária qualquer digitalização.

Por fim, os demais atos e registros do oficial de registro civil das pessoas naturais devem ser de guarda permanente. Com efeito, devem permanecer eternamente como acervo do cartório os livros de registros de nascimento, casamento, óbito e outros de qualquer espécie (livro "E").

Conforme já salientamos, a regra é a perpetuidade dos atos e fatos inscritos em registros públicos, bem como a conservação eterna dos documentos arquivados. A exceção, ou seja, a permissão para descarte dos registros e documentos deve ser expressa em lei ou ato normativo.

2.9. Princípio da Continuidade

Os atos da vida civil são concatenados por acontecimentos que antecedem e procedem com lógica natural. Dessa forma, o casamento precede ao divórcio, ao passo que o óbito procede ao casamento.

Os livros do registro civil devem refletir a realidade, portanto, caso uma pessoa se case, deve ser anotado no assento de nascimento. Ocorrendo eventual divórcio, deve ser anotado no assento de nascimento e averbado no de casamento, assim como o óbito anotado nos assentos anteriores.

Percebe-se que são atos em cadeia, estreitamente vinculados e dependentes um do outro, que só serão inteligíveis se os atos anteriores estiverem previamente averbados ou anotados.

Se o registrador receber uma comunicação de divórcio para anotar em assento de nascimento e, não estando o casamento anotado, deve proceder aos meios necessários para que faça a anotação de casamento previamente à de divórcio.

Para se valer do princípio da continuidade não é necessário observar a ordem manual das anotações, por exemplo, se em assento de nascimento já estiver anotado o óbito, porém, o registrador receber comunicação de divórcio decretado com data anterior ao do falecimento, nada impede a sua anotação, pelo contrário, deve ser realizada, pois o que se leva em consideração para o princípio da continuidade é a data do acontecimento dos atos e fatos e não a data da averbação ou anotação.

Este princípio é fundamental para que haja a segurança jurídica necessária e inerente aos registros públicos, refletindo com quase absoluta certeza os principais atos e fatos da vida civil das pessoas naturais.

Para efeitos didáticos podemos dizer que o princípio da continuidade "amarra" um ato anterior a um posterior. Portanto, imaginemos um registro de interdição em que foram averbadas sucessivas substituições de curadores. Neste caso o oficial deve proceder a anotação no assento de nascimento e de casamento do interditado, informando sobre o registro da interdição e de tantas quantas forem as substituições de curatelas, "amarrando" os assentos, com remissões recíprocas.

O cumprimento deste princípio não se dá apenas pelo encadeamento da ocorrência de atos distintos, mas também de atos idênticos.

A título de exemplo, se já estiver registrada a interdição e o oficial receber novo mandado de registro de interdição, o segundo registro não poderá ser lavrado, sob pena de infringir a continuidade dos atos registrários, bem como para evitar a duplicidade de registros. O oficial deverá rejeitar o segundo mandado sempre com as devidas justificativas jurídicas.

É claro que o bom senso recomenda que o oficial, antes de rejeitar o segundo mandado, verifique na vara judicial que o expediu para que, se for o caso, cancelem o mandado ou, se for referente a novo curador, realize a expedição de mandado de averbação de substituição de curador. Frise-se, a substituição da curatela ocorre por meio de averbação no registro de interdição primitivo (e anotação/comunicação nos assentos anteriores), não mediante novo registro de interdição.

2.10. Princípio da Instância ou Rogação

O oficial de registro civil das pessoas naturais não deve, em regra, praticar atos sem a instância ou rogação dos solicitantes. O oficial não age de ofício, salvo se expressamente determinada sua ação em lei ou ato normativo. Com efeito, o princípio da instância visa justamente garantir a imparcialidade na atuação do oficial.

Conforme se depreende do art. 13 e incisos da Lei n. 6.015/73, os atos do registro serão praticados por ordem judicial, requerimento verbal ou escrito dos interessados, ou a requerimento do Ministério Público, quando a lei autorizar. Exceção está nas anotações e comunicações obrigatórias, já que estas devem ser praticadas *ex officio* (art. 106).

A título de exemplo, o casamento é um ato complexo, pois depende de procedimento de habilitação, com diversos atos internos, celebração (que pode ser dispensada, como é o caso de São Paulo, para os casamentos decorrentes de conversão de união estável em casamento) e registro. O ato jurídico do casamento depende da manifestação dos contraentes, todavia, as anotações nos assentos anteriores serão realizadas independentemente de requerimento, sendo dever do oficial procedê-las.

O mesmo ocorre com o registro da interdição, que deve ser anotado logo após o registro quando no mesmo cartório ou comunicado ao oficial que possua o assento de nascimento ou casamento, para as devidas anotações.

A instância, rogação ou requerimento dos interessados para a prática dos atos de registro pode ser verbal ou por escrito. Certo é que na prática registral, muito embora os registradores tenham fé pública e de suas certidões decorram a presunção de veracidade, é recomendado que a solicitação seja por escrito.

Quando o ato de registro estiver amparado em escritura pública, como por exemplo, solicitação de registro de união estável ou averbação de divórcio, e da escritura, como de praxe, já constar que os requerentes autorizam o registro ou averbação, respectivamente, no oficial com as atribuições legais, entendemos que basta o requerimento verbal dos solicitantes.

Por outro lado, não se faz necessário o requerimento por escrito do apresentante da escritura pública de emancipação, visto que nos termos do art. 90 da Lei n. 6.015/73 o apresentante deve assinar o registro.

Enfim, podemos concluir que para a prática dos atos de registro oriundo de ordem judicial não será necessária, ou melhor, não se exigirá jamais o requerimento de qualquer interessado, visto que decorre de mandado judicial.

Quando o requerimento for oriundo do Ministério Público, hipótese em que necessariamente deve estar amparado na lei, também será prescindível requerimento de interessados.

Caso o requerimento seja proveniente dos demais interessados na prática do ato de registro, este pode ser verbal ou escrito. Na atuação registral recomenda-se a exigência de elaboração de requerimento por escrito, sem maiores formalidades ou embaraço ao acesso registral, hipótese em que o oficial deverá auxiliar o usuário do serviço público com eficiência e presteza (art. 30, II da Lei n. 8.935/94). Se a anuência com o registro constar de escritura pública que dará origem ao ato registral, bem como se o solicitante assinar o termo, não se exigirá maiores cautelas do que o simples requerimento verbal do solicitante.

2.11. Princípio da Territorialidade

O oficial de registro tem suas atribuições delimitadas pela circunscrição territorial em que lhe foi delegada a atividade. É o que determina o art. 12 da Lei n. 8.935/94, que sujeita os oficiais de registro civis das pessoas naturais às normas que definirem as circunscrições geográficas.

A territorialidade é prevista em lei e pode variar a depender do ato levado a registro. Para o registro de nascimento, tem atribuição territorial somente o oficial do local em que ocorreu o parto ou o do lugar de residência dos pais, mas, caso tenha transcorrido mais de quinze dias, terá atribuição somente o oficial do lugar de residência dos pais (art. 50 e 46 da Lei n. 6.015/73).

O mesmo ocorre com o pedido de habilitação para casamento, sendo atribuição do oficial de registro da localidade de residência de qualquer um dos nubentes (art. 67, LRP).

Por fim, no tocante ao registro de óbito, igualmente, há concomitância de atribuição para o registro, podendo ser lavrado pelo oficial do lugar do falecimento ou do lugar de residência do *de cujus*, quando o falecimento ocorrer em local diverso do seu domicílio (art. 77 da Lei n. 6.015/73).

Por outro lado, há hipóteses que somente um oficial de registro civil das pessoas naturais em todo o território nacional terá atribuição para a prática do ato. Por exemplo, para o registro de emancipação e interdição somente será competente o oficial do 1º Ofício (ou da sede da comarca, a depender da nomenclatura atribuída por cada Estado) em que domiciliados os menores ou interditados, respectivamente (art. 89 e 92 da Lei n. 6.015/73).

Estudaremos cada ato de registro separadamente e naquela oportunidade esmiuçaremos qual o oficial com atribuição territorial legalmente prevista. Por ora, cumpre-nos indagar: e se o ato de registro for praticado por oficial sem atribuição territorial?

Na doutrina há divergência com relação aos efeitos do ato registral praticado em limitação territorial sem atribuição. Sumariamente, ao oficial, não lhe é "permitida a prática de atos de atribuição de outra circunscrição, sob pena, conforme o caso, de anulabilidade do ato lavrado." (CAMARGO NETO; OLIVEIRA, 2014, p. 63).

Analisando o registro de nascimento, segundo Reinaldo Velloso dos Santos (2006, p. 40), temos que "um registro de nascimento lavrado por registrador sem a atribuição territorial para fazê-lo não deve ser considerado nulo e ser cancelado. O registro deve permanecer, salvo caso de duplicidade, restando a apuração de eventual infração disciplinar do Oficial, por descumprimento da previsão legal, nos termos da Lei n. 8.935/94, artigo 31, inciso I" (apud CAMARGO NETO; OLIVEIRA, 2014, p. 117).

Partilhamos do entendimento que o ato registrado pelo oficial sem atribuição territorial não deve ser declarado nulo ou anulado, sob pena de ofensa a diversos princípios, entre eles o da segurança jurídica e da eficácia, visto que o ato gerou diversos efeitos perante terceiros de boa-fé, devendo-se restringir a averiguação de eventual infração disciplinar por inobservância das prescrições legais ou normativas (art. 31 da Lei n. 8.935/94).

O princípio da territorialidade é de suma importância, pois afasta a concorrência mercadológica aos registros públicos, garantindo total isenção e imparcialidade daqueles que exercem a função delegada, e mais, garante publicidade aos atos registrais, uma vez que é possível identificar de antemão onde pode ser localizado eventual registro ou solicitação de certidão negativa.

Com efeito, para localizar o registro de emancipação, deve-se procurar o registro civil das pessoas naturais da sede da comarca (ou o 1º subdistrito, ou 1º ofício; as terminologias podem variar de um Estado para o outro) do domicílio do menor. O mesmo ocorre com o registro de interdição, haja vista que deve ser lavrado pelo oficial da localidade em que domiciliado o interditado (art. 92 e 89 da Lei n. 6.015/73).

O princípio da territorialidade também deve ser encarado sob a proibição de instalação de sucursal, ou seja, deve a serventia extrajudicial funcionar em um só local (art. 43 da Lei n. 8.935/94).

O Conselho Nacional de Justiça enfrentou o tema em 2014 e decidiu que a limitação geográfica é corolário do princípio da territorialidade, não podendo em via administrativa autorizar a instalação de sucursal ou da própria serventia em localidade diversa, conforme segue:

"PEDIDO DE PROVIDÊNCIAS. OFÍCIO DE REGISTRO CIVIL DE PESSOAS NATURAIS. TERRITORIALIDADE. SUCURSAL. IMPOSSIBILIDADE. IMPROCEDÊNCIA. 1. Por força da regra da territorialidade, uma vez definidos os limites geográficos de competência de determinada serventia, não cabe ao Conselho Nacional de Justiça autorizar a instalação de sucursal ou da própria serventia em localidade diversa. 2. A criação de serventias extrajudiciais tem em consideração a necessidade de prestação de serviços notariais e registrais à população e não a garantia de boa rentabilidade para os titulares. 3. Pedido julgado improcedente. (CNJ - PP - Pedido de Providências - Conselheiro - 0001388-74.2014.2.00.0000 - Rel. GISELA GONDIN RAMOS - 190ª Sessão - j. 03/06/2014)."

2.12. Princípio da Imutabilidade do Nome

O registro civil é minucioso, está nos detalhes, completamente voltado para as letras, prenomes, sobrenomes, filiação, naturalidade, bem como ligado às datas. A prática registral nos demonstra que uma simples consoante que sequer alteraria a pronúncia, pode ser impeditivo suficiente à aquisição da dupla nacionalidade pelo registrado.

Não são raras as retificações para correção de nomes cuja pronúncia permanece inalterada, como para constar um sobrenome com dois "L" ou dois "T", ou mesmo para retificar um "S" por um "Z".

O princípio da imutabilidade do nome não está somente vinculado ao registro de nascimento, como superficialmente possa parecer. Também está presente no registro de casamento, sendo uma exceção ao princípio mencionado a faculdade dos cônjuges acrescerem o sobrenome do outro e, no registro de óbito, em que são muito comuns as retificações de grafia com a finalidade de obtenção de dupla cidadania de seus descendentes.

Em relação ao princípio propriamente dito, significa que o nome é em regra imutável, não podendo ser alterado injustificadamente, exceto nas hipóteses taxativamente previstas em lei, devendo ser reproduzido de forma idêntica em todos os assentos lavrados no decorrer da vida.

Neste sentido, o art. 57 da Lei n. 6.015/73 diz que "a alteração posterior de nome, somente por exceção e motivadamente, após audiência do Ministério Público, será permitida por sentença do juiz a que estiver sujeito o registro, arquivando-se o mandado e publicando-se a alteração pela imprensa, ressalvada a hipótese do art. 110 desta Lei."

Vê-se que a própria lei dispõe que a alteração de nome somente ocorrerá por exceção e motivadamente, o que se justifica pela segurança jurídica que os registros públicos devem refletir.

Algumas exceções são as retificações, tanto judicial quanto administrativa, tais como a averbação para inclusão do sobrenome do padrasto ou madrasta ao enteado ou enteada, a substituição do prenome ou inclusão de apelido público notório. Por fim, outro exemplo é a alteração de nome para proteção a testemunha (arts. 57, § 8º, 58, *caput* e parágrafo único, da Lei n. 6.015/73).

As retificações serão esmiuçadas em capítulo próprio.

2.12.1. Alteração de prenome e gênero

É interessante mencionar que o plenário do Supremo Tribunal Federal em 01/03/2018 julgou procedente a ação direta de inconstitucionalidade (ADI) n. 4275 para dar interpretação conforme a Constituição e ao Pacto de São José da Costa Rica, bem como ao art. 58 da Lei n. 6.015/73, de modo a reconhecer aos transgêneros que assim o desejarem, independentemente da cirurgia de transgenitalização, ou da realização de tratamentos hormonais ou patologizantes, o direito à substituição de prenome e sexo diretamente no registro civil.

Portanto, para os transexuais que assim desejarem, poderão, independentemente de autorização judicial, cirurgia de transgenitalização e da realização de tratamentos hormonais ou patologizantes, comparecer diretamente no registro civil e solicitar a substituição do prenome e sexo.

A fim de padronizar em escala nacional, o Conselho Nacional de Justiça editou o provimento n. 73 de 28 de junho de 2018, que dispõe sobre a averbação da alteração do prenome e do gênero da pessoa transgênero nos assentos de nascimento e de casamento no Registro Civil das Pessoas Naturais.

Para tanto a pessoa requerente deve ter 18 anos completos e estar habilitada à prática de todos os atos da vida civil, assim poderá requerer ao ofício do Registro Civil das Pessoas Naturais a alteração e a averbação do prenome e do gênero, a fim de adequá-los à identidade auto percebida.

A alteração é exclusiva para prenomes, ou seja, os nomes de família, sobrenomes, não podem ser alterados. Também não se pode alterar o prenome para outro idêntico a de um membro da família.

Por fim, a pessoa poderá solicitar a inclusão ou exclusão de agnomes indicativos de gênero ou de descendência, por exemplo, excluir o agnome "Júnior", "Filho" ou "Neto".

Caso a pessoa deseje retornar ao prenome ou gênero anterior à averbação, a alteração somente poderá ser desconstituída na via administrativa, mediante autorização do juiz corregedor permanente, ou na via judicial.

A averbação do prenome, do gênero ou de ambos poderá ser realizada diretamente no Registro Civil das Pessoas Naturais em que o assento foi lavrado ou em Ofício diverso do que lavrou o assento. Nesta última hipótese, deverá o registrador encaminhar o procedimento ao oficial competente, às expensas da pessoa requerente, para a averbação pela Central de Informações do Registro Civil (CRC).

Em minúcias, nos termos do Provimento 46 do Conselho Nacional de Justiça, datado de 16 de junho de 2015, a ferramenta destinada ao envio de documentos eletrônicos representativos de atos que devem ser cumpridos por outras serventias denomina-se "e-Protocolo" (art. 3º, IV). Com efeito, entendemos que o envio do procedimento ao oficial competente para proceder a averbação deverá ser encaminhada via Central de Informações do Registro Civil (CRC) por meio do mecanismo "e-Protocolo".

O procedimento de alteração de prenome e gênero será realizado com base na autonomia da pessoa requerente, que deverá declarar, perante o oficial do registro civil das pessoas naturais, a vontade de proceder à adequação da identidade mediante a averbação do prenome, do gênero ou de ambos.

O registrador deve cumprir integralmente o princípio da instância ou rogação, quedando-se inerte, somente estando apto a dar cumprimento à solicitação da pessoa requerente caso esta manifeste a vontade de assim proceder, de adequar-se sua identidade mediante averbação de alteração do prenome, gênero ou ambos.

É importante destacar novamente que o atendimento do pedido apresentado ao registrador independe de prévia autorização judicial ou da comprovação de realização de cirurgia de redesignação sexual e/ou de tratamento hormonal ou patologizante, assim como de apresentação de laudo médico ou psicológico.

Não é atribuição do oficial indagar os motivos da alteração, sendo direito subjetivo da pessoa requerente alterar o prenome, gênero ou ambos, independente de motivação ou qualquer outro requisito, sendo necessária somente a vontade de adequar o prenome e/ou gênero à identidade auto percebida.

O registrador deverá identificar a pessoa requerente mediante coleta, em termo próprio, conforme modelo anexo ao Provimento 73/2018 do Conselho Nacional de Justiça, de sua qualificação e assinatura, além de conferir os documentos pessoais originais. Isto nos leva a crer que o requerimento somente poderá se dar por escrito.

O requerimento será assinado pela pessoa requerente na presença do registrador civil das pessoas naturais, indicando a alteração pretendida, se somente do prenome, gênero, ou ambos.

A pessoa requerente deverá declarar a inexistência de processo judicial que tenha por objeto a alteração pretendida. Porém, mesmo com a tramitação anterior de processo judicial cujo objeto tenha sido a alteração pretendida, ainda será possível a alteração na via administrativa, condicionada à comprovação de arquivamento do feito judicial.

Nos termos do art. 4°, § 6° do Provimento 73/2018 do Conselho Nacional de Justiça, a pessoa requerente deverá apresentar ao Ofício do Registro Civil das Pessoas Naturais, no ato do requerimento, os seguintes documentos:

"I - certidão de nascimento atualizada;

II - certidão de casamento atualizada, se for o caso;

III - cópia do registro geral de identidade (RG);

IV - cópia da identificação civil nacional (ICN), se for o caso;

V - cópia do passaporte brasileiro, se for o caso;

VI - cópia do cadastro de pessoa física (CPF) no Ministério da Fazenda;

VII - cópia do título de eleitor;

IX - cópia de carteira de identidade social, se for o caso;

X - comprovante de endereço;

XI - certidão do distribuidor cível do local de residência dos últimos cinco anos (estadual/federal);

XII - certidão do distribuidor criminal do local de residência dos últimos cinco anos (estadual/federal);

XIII - certidão de execução criminal do local de residência dos últimos cinco anos (estadual/federal);

XIV - certidão dos tabelionatos de protestos do local de residência dos últimos cinco anos;

XV - certidão da Justiça Eleitoral do local de residência dos últimos cinco anos;

XVI - certidão da Justiça do Trabalho do local de residência dos últimos cinco anos;

XVII - certidão da Justiça Militar, se for o caso."

A falta de documento listado no § 6º do Provimento acima citado, nas hipóteses dos incisos I ao X, impedem a alteração indicada no requerimento apresentado ao oficial de registro civil das pessoas naturais.

Com relação as ações em andamento ou débitos pendentes, nas hipóteses dos incisos XI ao XVII, não impedem a averbação da alteração pretendida, que deverá ser comunicada aos juízos e órgãos competentes pelo oficial onde o requerimento foi formalizado.

É ainda facultado à pessoa requerente juntar ao requerimento, para instrução do procedimento, os seguintes documentos:

I - laudo médico que ateste a transexualidade/travestilidade;

II - parecer psicológico que ateste a transexualidade/travestilidade;

III - laudo médico que ateste a realização de cirurgia de redesignação de sexo.

É dever dos registradores guardar sigilo sobre a documentação e os assuntos de natureza reservada de que tenham conhecimento em razão do exercício de sua profissão (art. 30, VI da Lei n. 8.935/94). Neste sentido, o art. 5º do Provimento já citado, prevê que a "alteração de que trata o presente provimento tem natureza sigilosa, razão pela qual a informação a seu respeito não pode constar das certidões dos assentos, salvo por solicitação da pessoa requerente ou por determinação judicial, hipóteses em que a certidão deverá dispor sobre todo o conteúdo registral."

O registrador jamais poderá expor a intimidade dos usuários do serviço público. É imprescindível que guarde sigilo de todos os documentos e os assuntos de natureza reservada que tomar conhecimento. Por expressa previsão normativa, o oficial não dará publicidade da alteração de prenome, gênero ou ambos, nem mesmo por meio de certidões, salvo por solicitação da própria pessoa registrada ou por determinação judicial.

Conforme o prudente critério do registrador, se suspeitar de fraude, falsidade, má-fé, vício de vontade ou simulação quanto ao desejo real da pessoa requerente, o registrador fundamentará a recusa e encaminhará o pedido ao juiz corregedor permanente, que decidirá sobre o caso.

Todos os documentos apresentados deverão permanecer arquivados indefinidamente, de forma física ou eletrônica, tanto no Ofício do Registro Civil das Pessoas Naturais em que foi lavrado originalmente o registro civil, quanto naquele em que foi lavrada a alteração, se diverso do ofício do assento original.

Há disposição expressa do princípio da conservação no referido Provimento (art. 7º), razão pela qual os documentos devem ser guardados, arquivados e conservados por tempo indefinido. O oficial também deverá manter índice em papel e/ou eletrônico de forma que permita a localização do registro tanto pelo nome original quanto pelo nome alterado.

Finalizado o procedimento de alteração no assento, o oficial no qual se processou a alteração, às expensas da pessoa requerente, comunicará o ato oficialmente aos órgãos expedidores do RG, ICN, CPF e passaporte, bem como ao Tribunal Regional Eleitoral (TRE).

Compete ao requerente providenciar a alteração nos demais registros que digam respeito, direta ou indiretamente, à sua identificação e nos documentos pessoais.

O registro civil das pessoas naturais deve refletir a realidade, de modo que a pessoa requerente deverá providenciar a alteração nos demais registros, de eventuais filhos, netos, etc., bem como de documentos pessoais, por exemplo, a Carteira Nacional de Habilitação.

Fica ressalvado que a subsequente averbação da alteração do prenome e do gênero no registro de nascimento dos descendentes da pessoa requerente dependerá da anuência deles quando relativamente capazes ou maiores, bem como da de ambos os pais.

Assim, não se colhe anuência dos absolutamente incapazes descendentes da pessoa requerente, para alterar no assento de nascimento o prenome e/ou gênero de seu ascendente, sendo obrigatória a anuência de ambos os pais.

Se houve alteração do prenome e/ou gênero no assento de nascimento da pessoa requerente, mas esta desejar a subsequente averbação da alteração também no registro de casamento, a averbação dependerá da anuência do cônjuge.

Havendo discordância dos pais ou do cônjuge quanto às averbações mencionadas acima, a apreciação do consentimento competirá a autoridade judicial.

Por fim, o Provimento menciona que enquanto não editadas no âmbito dos Estados e do Distrito Federal normas específicas relativas aos emolumentos, será aplicada às averbações a tabela referente ao valor cobrado na averbação de atos do registro civil, devendo o registrador observar as normas legais referentes à gratuidade de atos.

No Estado de São Paulo, bem como em outros Estados que disponham de cobrança por procedimentos administrativos, advogamos a tese que deverá ser cobrado a título de emolumentos o valor de 1 (um) procedimento, nisto já incluída a averbação e a primeira certidão.

Se a pessoa requerente comparecer em cartório distinto daquele que lavrou o assento que se pretende alterar, deverá ser cobrado o valor de 1 (um) procedimento, ficando a cargo da serventia que realizará a averbação cobrar o valor de 1 (uma) averbação em geral.

3. Ingresso na Atividade Registral

A Constituição Federal estabelece no art. 236, § 3º que o ingresso na atividade notarial e de registro depende de concurso público de provas e títulos, não se permitindo que qualquer serventia fique vaga, sem abertura de concurso de provimento ou de remoção, por mais de seis meses.

O concurso deve ser de provas e títulos, não podendo ser apenas de provas ou apenas de títulos. Esta análise é importante pois, como veremos, é necessário concurso para remoção, sendo imperioso que os registradores que queiram remover-se para outra serventia prestem novo concurso de provas e títulos, não bastando somente a apresentação de títulos.

Esta disposição é de extrema valia para o enriquecimento jurídico dos registradores, de modo que os oficiais que busquem a remoção procurem o aperfeiçoamento contínuo por meio dos estudos para alcançar o objetivo de mudança de delegação.

A serventia extrajudicial não pode ficar vaga por mais de seis meses sem abertura de concurso de provimento ou de remoção. O cumprimento desta regra é fundamental visto que quem responde pela delegação na ausência de titulares são os interinos, que possuem regramento jurídico diverso daquele que é dado aos titulares, por exemplo, impossibilidade de contratar novos prepostos, aumentar salários dos prepostos já existentes na unidade, contratar novas locações de bens móveis ou imóveis, de equipamentos ou de serviços, que possam onerar a renda da unidade vaga de modo continuado, sem a prévia autorização do Tribunal a que estiver afeta a unidade do serviço.

A Lei n. 8.935/94 em seu art. 14 dispõe que a delegação para o exercício da atividade notarial e de registro depende dos seguintes requisitos:

"I - habilitação em concurso público de provas e títulos;

II - nacionalidade brasileira;

III - capacidade civil;

IV - quitação com as obrigações eleitorais e militares;

V - diploma de bacharel em direito;

VI - verificação de conduta condigna para o exercício da profissão."

O requisito da nacionalidade brasileira deve ser interpretado extensivamente para abranger tanto os brasileiros natos quanto os naturalizados, tendo em vista que a lei não poderá estabelecer distinção (art. 12, § 2º, Constituição Federal).

A capacidade civil de que trata a lei é a capacidade civil plena, que agrupa a capacidade de direito (gozo) e a capacidade de fato (exercício), o que é pressuposto a todos os maiores de 18 anos, tendo em vista que a incapacidade é exceção.

A quitação com as obrigações eleitorais e militares, para as pessoas do sexo masculino, não suscitam maiores dúvidas, bem como a verificação de conduta condigna para o exercício da profissão. Compete-nos passar a análise da exigência de diploma de bacharel em direito.

A Constituição Federal, conforme já citado, assevera que o ingresso na atividade registral deve se dar por meio de concurso de provas e títulos. O título exigido pela Lei n. 8.935/94 é o diploma de bacharel em direito, mas coloca uma ressalva no art. 15, § 2º ao dizer que: "Ao concurso público poderão concorrer candidatos não bacharéis em direito que tenham completado, até a data da primeira publicação do edital do concurso de provas e títulos, dez anos de exercício em serviço notarial ou de registro."

A Constituição é cristalina ao dizer que o ingresso na atividade notarial e de registro depende de concurso público de provas e títulos. Por esta razão a hipótese de que haja candidatos não bacharéis em direito, desprovidos de qualquer título, mas que possuam dez anos de exercício em serviço notarial ou de registro até a data da primeira publicação do edital do concurso, parece inconstitucional.

Os concursos serão realizados pelo Poder Judiciário com a participação, em todas as suas fases, da Ordem dos Advogados do Brasil, do Ministério Público, de um notário e de um registrador. O concurso será aberto com a publicação de edital, dele constando os critérios de desempate (art. 15, *caput* e § 1º da Lei n. 8.935/94).

A idade como critério de desempate está prevista no art. 27, parágrafo único do Estatuto do Idoso, Lei n. 10.741/2003, com os seguintes dizerem: "O primeiro critério de desempate em concurso público será a idade, dando-se preferência ao de idade mais elevada."

Poderia, o edital do concurso para ingresso na atividade registral, dispor de forma diversa do Estatuto do Idoso, estabelecendo outros critérios de desempate? A resposta é sim.

Em mandado de segurança com pedido de liminar (MS 33046 MC / PR) impetrado contra ato do Conselho Nacional de Justiça que negou a aplicação da Lei 10.741/2003 (Estatuto do Idoso) e decidiu que o critério etário de desempate utilizado pelo Tribunal de Justiça do Estado do Paraná, consubstanciado na "maior idade", não seria o mais adequado, assentando que o critério "maior tempo de serviço público" deve ser adotado, com base na Lei Estadual 14.594/2004. Diante disso, o Ministro Ricardo Lewandowski proferiu decisão interlocutória em 16 de julho de 2014 e deferiu o pedido de medida liminar para suspender os efeitos do acórdão impugnado, até julgamento definitivo deste mandado de segurança.

Ocorre que em 10 de março de 2015 a Primeira Turma do Supremo Tribunal Federal ao analisar o mérito reformou a liminar anteriormente concedida, decidindo, conforme a ementa, que a "Lei nº 10.741/03 (Estatuto do Idoso) cuida apenas da admissão em concurso público em termos gerais, de modo que, quando em referência concurso de remoção, não deve ser seguida, ante a existência de lei especial (*lex specialis derogat legi generali*)" e "*In casu*, o acórdão impugnado do Conselho Nacional de Justiça, ao negar a aplicação da Lei nº 10.741/2003 (Estatuto do Idoso), privilegiando o que estabelece a Lei Estadual nº 14.594/2004, agiu acertadamente, resolvendo o conflito aparente de normas segundo a boa técnica jurídica."

Portanto, o Supremo Tribunal Federal já consolidou o entendimento que a Lei Estadual que fixar critérios diferentes para desempate em concurso público é constitucional e válida, com maior razão está a Lei Orgânica dos Notários e Registradores (Lei n. 8.935/94).

O art. 236, § 3º, da Constituição Federal, conforme já mencionado, dispõe que haverá concurso para provimento ou de remoção. Mas qual a quantidade de vagas a serem preenchidas por meio de concurso de provimento e remoção? A Lei 8.935/94, por meio do artigo 16 e parágrafo único, solucionou a questão, conforme segue:

"Art. 16. As vagas serão preenchidas alternadamente, duas terças partes por concurso público de provas e títulos e uma terça parte por meio de remoção, mediante concurso de títulos, não se permitindo que qualquer serventia notarial ou de registro fique vaga, sem abertura de concurso de provimento inicial ou de remoção, por mais de seis meses.

Parágrafo único. Para estabelecer o critério do preenchimento, tomar-se-á por base a data de vacância da titularidade ou, quando vagas na mesma data, aquela da criação do serviço."

Dois terços das serventias vagas por meio de provimento, mediante concurso de provas e títulos, a outra terça parte pelo critério da remoção, mediante concurso de títulos. Essa parte final causa estranheza, ou seja, para concurso de remoção a Lei dos Notários e Registradores exige apenas concurso de títulos. Ora, a Constituição Federal é clara ao dizer que "o ingresso na atividade notarial e de registro depende de concurso público de provas e títulos, não se permitindo que qualquer serventia fique vaga, sem abertura de concurso de provimento ou de remoção, por mais de seis meses." (art. 236, § 3º, CF).

Destarte, como poderia a Lei 8.935/94, hierarquicamente inferior à Constituição Federal, dispensar requisitos constitucionalmente exigidos? Os Estados, acertadamente, vêm realizando concursos públicos e exigindo que o examinando se submeta a provas e títulos, inclusive para o critério de remoção, a fim de dar efetivo cumprimento à norma constitucional.

Os titulares de delegação notarial ou de registro que queiram concorrer às vagas destinadas ao preenchimento pelo critério de remoção devem comprovar que exercem a atividade há mais de dois anos (art. 17 da Lei n. 8.935/94).

Ademais, essa comprovação só é válida dentro da mesma unidade da federação, de modo que um oficial somente poderá ingressar na mesma atividade em outro Estado por meio de concurso de provas e títulos na modalidade provimento.

4. Prepostos e a Responsabilidade Civil e Criminal

Os oficiais de registro poderão, para o desempenho de suas funções, contratar escreventes, dentre eles escolhendo os substitutos, e auxiliares como empregados, com remuneração livremente ajustada e sob o regime da legislação do trabalho, e em cada serventia extrajudicial haverá tantos substitutos, escreventes e auxiliares quantos forem necessários, a critério de cada oficial de registro (art. 20 e § 1º da Lei n. 8.935/94).

Esmiuçando o acima exposto, vê-se que os oficiais poderão contratar quantos escreventes e auxiliares julgarem necessários, com remuneração livremente ajustada e sob o regime da legislação do trabalho (CLT), sem jamais comprometer a eficiente prestação do serviço público, sob pena de infração disciplinar por ofensa aos deveres inerentes à atividade.

O oficial escolherá, dentre os escreventes, os substitutos, cuja distinção básica entre o escrevente e o escrevente substituto é que o primeiro somente poderá praticar os atos que o oficial de registro autorizar, ao passo que o segundo poderá, simultaneamente com o oficial de registro, praticar todos os atos que lhe sejam próprios.

Por fim, dentre os substitutos, um ou vários deles, em ordem sucessiva, serão designados pelo oficial de registro para responder pelo respectivo serviço nas ausências e nos impedimentos do titular. É perfeitamente possível uma serventia que exista vários substitutos com designações sucessivas, por exemplo, primeiro substituto, segundo substituto, terceiro substituto e assim por diante.

Os oficiais de registro encaminharão ao juízo competente os nomes dos substitutos. Esta regra é salutar, pois, quando for necessário o afastamento do titular do serviço para apuração de faltas a ele imputadas, nomear-se-á o substituto para responder pela serventia. Idêntica regra será adotada na hipótese de extinção da delegação, caso em que a autoridade competente declarará vago o respectivo serviço, designará o substituto mais antigo para responder pelo expediente e abrirá concurso (art. 36, § 1º e 39, § 2º da Lei n. 8.935/94).

Reforçando o caráter privado da delegação registral, o art. 21 da Lei n. 8.935/94 diz que:

> "Art. 21. O gerenciamento administrativo e financeiro dos serviços notariais e de registro é da responsabilidade exclusiva do respectivo titular, inclusive no que diz respeito às despesas de custeio, investimento e pessoal, cabendo-lhe estabelecer normas, condições e obrigações relativas à atribuição de funções e de remuneração de seus prepostos de modo a obter a melhor qualidade na prestação dos serviços."

Em contrapartida a esta autonomia de contratação de prepostos, inclusive não incidindo qualquer hipótese que vede o nepotismo, há a responsabilidade por parte dos oficiais, que são civilmente responsáveis por todos os prejuízos que causarem a terceiros, por culpa ou dolo, pessoalmente, pelos substitutos que designarem ou escreventes que autorizarem, assegurado o direito de regresso (art. 22 da Lei n. 8.935/94).

Com efeito, os oficiais possuem responsabilidade subjetiva e direta, sendo necessário, portanto, que o autor da ação demonstre os prejuízos que teve e que este decorra de culpa ou dolo do oficial, escreventes ou auxiliares.

A ação reparatória deve ser movida em face da pessoa física do oficial, nunca em face do cartório, sob pena de extinção do feito por ilegitimidade passiva, ainda que o dano tenha sido provocado por seu preposto, assegurado ao oficial o direito de regresso.

A Lei especial n. 8.935/94, no parágrafo único do art. 22, estabelece o prazo prescricional de três anos para a pretensão de reparação civil, contado o prazo da data de lavratura do ato registral.

Por óbvio, a responsabilidade civil independe da criminal, sendo que esta será individualizada, aplicando-se, no que couber, a legislação relativa aos crimes contra a administração pública (art. 23 e 24 da Lei n. 8.935/94).

Reverbere-se, conforme já exposto no capítulo de introdução e noções gerais, o interino, aquele responsável pela delegação no ínterim de vacância e a assunção por um novo titular, não possui as mesmas liberdades dos oficiais para a contratação de prepostos e aumento de despesas.

Os interinos se submetem ao regramento estabelecimento pelo Provimento n. 45 de 13/05/2015 do Conselho Nacional de Justiça, que determina a proibição aos responsáveis interinamente pela delegação de contratar novos prepostos ou aumentar os salários dos prepostos já existentes na serventia, sem a prévia autorização do Tribunal a que estiver afeta a unidade do serviço (art. 13, II).

5. Incompatibilidades e Impedimentos

O exercício da atividade registral é incompatível com a advocacia (art. 25 da Lei n. 8.935/94), bem como a advocacia é incompatível com a atividade registral (art. 28, IV da Lei n. 8.906/94). O Estatuto da OAB nos informa que a incompatibilidade determina a proibição total do exercício da advocacia (art. 27).

Nesta incompatibilidade entre o exercício da atividade registral com a advocacia, inclui-se a vedação de intermediação de seus serviços, proibindo que o oficial recomende determinado advogado ao usuário do serviço público ou intermedeie os seus serviços sob qualquer pretexto.

Ainda, a incompatibilidade abrange qualquer cargo, emprego ou função públicos, ainda que em comissão, ressalvada a possibilidade de concorrer a mandato eletivo, hipótese em que observará os prazos de desincompatibilização divulgados pela Justiça Eleitoral.

De qualquer forma, com a diplomação, na hipótese de mandato eletivo, e a posse, nos demais casos, implicará no afastamento da atividade (art. 25, § 2º da Lei n. 8.935/94).

Os serviços notariais e de registro, em regra, não são cumuláveis, sendo impeditivo o exercício de uma atividade notarial ou registral cumulada com outra. As atividades, segundo a Lei n. 8.935/94, art. 5º, são as seguintes:

"I - tabeliães de notas;

II - tabeliães e oficiais de registro de contratos marítimos;

III - tabeliães de protesto de títulos;

IV - oficiais de registro de imóveis;

V - oficiais de registro de títulos e documentos e civis das pessoas jurídicas;

VI - oficiais de registro civis das pessoas naturais e de interdições e tutelas;

VII - oficiais de registro de distribuição."

A exceção é descrita no art. 26, parágrafo único da Lei n. 8.935/94, uma vez que poderão ser acumulados nos municípios que não comportarem, em razão do volume dos serviços ou da receita, a instalação de mais de um dos serviços.

Por isso é comum no Estado de São Paulo, nos municípios com baixo índice populacional, justificado pelo pequeno volume de serviço ou da receita, cumular as atividades dos oficiais de registro civil das pessoas naturais com a de tabeliães de notas, sem que haja qualquer impedimento, visto que está na hipótese de exceção legalmente prevista.

Por fim, o registrador não poderá praticar qualquer ato de seu interesse, de seu cônjuge ou de parentes, na linha reta ou colateral, consanguíneos ou afins, até o terceiro grau. Em síntese, está foi a dicção do art. 27 da Lei 8.935/94, que segue em sua literalidade:

"Art. 27. No serviço de que é titular, o notário e o registrador não poderão praticar, pessoalmente, qualquer ato de seu interesse, ou de interesse de seu cônjuge ou de parentes, na linha reta, ou na colateral, consanguíneos ou afins, até o terceiro grau."

Há dois pontos importantes a serem tratados com relação ao artigo supratranscrito. O primeiro é: em sendo o titular impedido, quem praticará o ato? A segunda indagação que nos cabe fazer é: os impedimentos recaem sobre os escreventes também?

Respondendo a primeira indagação, a ato do qual o titular é impedido de praticar incumbirá ao substituto, que conforme já vimos, nos termos do art. 20, § 5º da Lei n. 8.935/94, o oficial deverá designar substituto para responder pelo serviço nos seus impedimentos.

Com relação ao segundo ponto, se o impedimento também recairá sobre os escreventes, a resposta é não. O escrevente age sob supervisão do oficial de registro. Ademais, a exceção deve ser interpretada restritivamente, e a Lei n. 8.935/94 não deixa margem de dúvida ao dizer que no "serviço de que é titular, o notário e o registrador não poderão praticar, pessoalmente" os atos dos quais estão impedidos, com efeito, a lei usou a expressão "titular", "registrador" e "pessoalmente", não restando outra exegese senão a de vislumbrar que os impedimentos se aplicam tão somente aos titulares da delegação nas situações hipotéticas previstas na lei.

Por cautela, recomendamos que os escreventes que se encontrarem em situação similar à de impedimento dos oficiais, se abstenham da prática do ato, caso em que o oficial deverá avocar para si a prática do ato ou delegar a outro preposto.

6. Direitos e Deveres

Os registradores civis são profissionais do direito, dotados de fé pública, gozam de independência no exercício de suas atribuições, têm direito à percepção dos emolumentos integrais pelos atos praticados na serventia e só perderão a delegação nas hipóteses previstas em lei.

Desta forma, nos termos do art. 28 da Lei n. 8.935/94, os oficiais têm por direito independência no exercício de suas atribuições. Não se trata de arbítrio, mas sim de autonomia jurídica para praticar os atos relacionados na legislação pertinente aos registros públicos, de que são incumbidos (art. 12 da Lei n. 8.935/94).

Os oficiais também têm direito à percepção dos emolumentos integrais pelos atos praticados na serventia, emolumentos estes que se amoldam na espécie tributária na modalidade de taxa, de modo que qualquer isenção ao pagamento de emolumentos deve estar prevista em lei. Por outro lado, nos parece razoável advogar a tese que à medida que se agigantam as leis que preveem o repasse de parcela de emolumentos a entidade outras que não estejam vinculadas à atividade notarial e registral, seriam estas leis inconstitucionais.

Os serviços notariais e de registro são exercidos em caráter privado, nos termos do art. 236 da Constituição Federal, e a lei que regulamenta a atividade é a de n. 8.935/94, que justamente dispõe sobre o direto à percepção dos emolumentos integrais pelos delegados do serviço público.

Se a Constituição Federal garantiu aos notários e registradores o exercício da atividade em caráter privado, a

Lei Federal n. 8.935/94 regulamentou a contento a questão e, por fim a Lei Federal n. 10.169/00 dispõe que o valor fixado para os emolumentos deverá corresponder ao efetivo custo e à adequada e suficiente remuneração dos serviços prestados, não podem os Estados-membros por meio de legislações estaduais determinarem repasses de parcela dos emolumentos de forma a ferir à percepção integral ou para outros entes que não estejam relacionados à atividade registral.

Ainda, é direito dos oficiais a vitaliciedade no exercício da delegação, somente podendo perdê-la nas hipóteses previstas em lei, ressaltando que sempre deve ser respeitado o devido processo legal, com as garantias da ampla defesa e contraditório.

Em caso de desmembramento ou desdobramento da serventia, caberá ao oficial titular o direito de exercer a opção de permanecer à frente da delegação anterior ou da posterior.

Por fim, os oficiais possuem o direito legalmente previsto de se organizar em associações ou sindicatos de classe e deles participar (art. 29, II da Lei n. 8.935/94).

Os deveres dos oficiais estão previstos no art. 30 da Lei n. 8.935/94, o qual transcreveremos abaixo, analisando pontualmente os principais detalhes daqueles que assim necessitarem. Seguem:

"I - manter em ordem os livros, papéis e documentos de sua serventia, guardando-os em locais seguros;"

Trata-se do princípio da conservação. Os oficiais devem guardar e conservar os livros, fichas, documentos, papéis, microfilmes e sistemas de computação que deverão permanecer sempre sob a guarda e responsabilidade do titular de serviço (art. 46 da Lei n. 8.935/94). Complementando, o art. 24 da Lei n. 6.015/73 diz que os "oficiais devem manter em segurança, permanentemente, os livros e documentos e respondem pela sua ordem e conservação."

Por óbvio, a responsabilidade do titular não é objetiva, de modo que se utilizou dos meios necessários e disponíveis para guardar e conservar os documentos, inclusive os digitais, e mesmo assim sobreveio perecimento ou deterioração, não lhe restará qualquer responsabilidade no âmbito administrativo, civil ou penal.

A fim de garantir a conservação dos livros de registros públicos, estes não poderão sair do cartório, exceto mediante autorização judicial. Ao revés, se se fizerem necessárias diligências judiciais e extrajudiciais que exigirem a apresentação de qualquer livro, ficha substitutiva de livro ou documento, a consulta será procedida no próprio cartório e ali deverão permanecer indefinidamente (arts. 22, 23 e 26 da Lei n. 6.015/73).

"II - atender as partes com eficiência, urbanidade e presteza;"

O atendimento deve ser sempre cordial e imparcial, tratando todos os usuários do serviço público de forma igual, direta e objetiva. É recomendável que o oficial trace padrões a serem seguidos pelos prepostos na realização de atendimento pelo telefone, *e-mail* ou pessoalmente.

"III - atender prioritariamente as requisições de papéis, documentos, informações ou providências que lhes forem solicitadas pelas autoridades judiciárias ou administrativas para a defesa das pessoas jurídicas de direito público em juízo;"

As pessoas jurídicas de direito público que necessitarem de certidões, papéis, documentos informações ou providências para defesa em juízo e, para tanto solicitarem aos oficiais de registro, estes deverão atender com prioridade. Sendo assim, para a defesa em juízo das pessoas jurídicas de direito público, a prioridade não possui qualquer mácula de inconstitucionalidade, se justificando ante a pessoa requerente ou finalidade envolvida.

"IV - manter em arquivo as leis, regulamentos, resoluções, provimentos, regimentos, ordens de serviço e quaisquer outros atos que digam respeito à sua atividade;"

No ano de 1.994, quando a Lei 8.935 foi editada, se justificava a disposição deste inciso, todavia, hodiernamente, com a expansão e facilidade de acesso a internet, não merece ser analisada com rigor. Aliás, é neste sentido que muitas normas administrativas dispensam o arquivamento físico de atos que digam respeito à atividade registral.

Assim, as Normas de Serviço do Estado de São Paulo afirmam que os atos normativos e decisões do Conselho Superior da Magistratura e da Corregedoria Geral da Justiça, bem como da Corregedoria Permanente, podem ser substituídos por arquivos eletrônicos com índices.

As leis, regulamentos, provimentos do Conselho Nacional de Justiça e toda sorte de atos que digam respeito à atividade registral são disponibilizados eletronicamente, facilitando o acesso, pesquisa, eficiência, razão pela qual entendemos que este inciso está superado, exceto, é claro, naqueles atos que não foram disponibilizados eletronicamente.

"V - proceder de forma a dignificar a função exercida, tanto nas atividades profissionais como na vida privada;"

O oficial é pessoa de confiança do Estado, o qual se submeteu a rigoroso exame de provas e títulos, de múltiplas etapas, o qual logrou êxito e se tornou depositário dos registros públicos, reconhecido legalmente como profissional do direito e dotado de fé pública.

Com o ingresso na atividade registral, o oficial não deve ser visto de forma isolada, como sujeito à parte, em um meio mercadológico. Pelo contrário, está estritamente comprometido com o rigor da lei, não podendo exorbitar em seus direitos ou deveres. Destarte, por exemplo, se o oficial se dispõe a utilizar de meios mercadológicos, percebendo menos emolumentos que os legalmente previstos, estará afrontando a dignidade da função registral. O mesmo acontecerá se o oficial menosprezar a atividade, denegrir os demais oficiais ou mesmo os prepostos.

O oficial também deve proceder de forma a dignificar a função exercida na vida privada, porém, é necessário cautela na interpretação da parte final deste dispositivo. A lei disse mais do que queria, devendo ser interpretada de forma restritiva. A vida privada do oficial, assim como de qualquer cidadão, compete exclusivamente à consciência e a moral de si, todavia, os atos privados não podem refletir de forma negativa sob a função registral exercida.

Trocando em miúdos, o oficial deve proceder de forma a dignificar a função exercida, inclusive quando atua na vida privada, mas tão somente com relação aos atos que podem refletir negativamente na atividade registral. Os demais atos, ou seja, aqueles que não geram qualquer repercussão no exercício profissional são juridicamente irrelevantes.

"VI - guardar sigilo sobre a documentação e os assuntos de natureza reservada de que tenham conhecimento em razão do exercício de sua profissão;"

O oficial e os prepostos devem guardar total e absoluto sigilo sobre a documentação a qual tenham conhecimento em razão da atividade registral.

O Código de Processo Civil determina que tramitarão em segredo de justiça os processos que versem sobre casamento, separação de corpos, divórcio, separação, união estável, filiação, alimentos e guarda de crianças e adolescentes, e que o direito de consultar os autos de processo que tramite em segredo de justiça e de pedir certidões de seus atos é restrito às partes e aos seus procuradores (art. 189, II e § 1º).

O segredo de justiça não atinge os oficiais e seus prepostos, pois a lei já lhes impõe o dever de sigilo e mais, para se cumprir as ordens proferidas pelas autoridades judiciais, por óbvio, deverão tomar conhecimento do conteúdo sigiloso, por exemplo, ao cumprir um mandado de averbação de divórcio.

Com efeito, o segredo de justiça dos atos processuais não atinge os oficiais de registro, desde que estes atos sejam inerentes ao cumprimento das atribuições da atividade registral. Assim, é perfeitamente possível que sejam encaminhados à serventia extrajudicial o mandado de registro de interdição acompanhado dos laudos médicos e da sentença, bem como da certidão de trânsito em julgado e tudo o mais que se fizer necessário para o bom e fiel cumprimento do decidido judicialmente. O mesmo ocorre ao se encaminhar à serventia, por exemplo, o mandado de averbação de divórcio com cópias da certidão de casamento que está juntada aos autos.

"VII - afixar em local visível, de fácil leitura e acesso ao público, as tabelas de emolumentos em vigor;"

Toda serventia extrajudicial deve ter um mural de afixação de editais de proclamas, portarias internas, recomendações judiciais, atos de informação ao público em geral. Recomenda-se que neste mural, colocado em local visível, de fácil leitura e acesso ao público, sejam afixadas as tabelas de emolumentos em vigor, para que seja de amplo conhecimento os valores tabelados mediante a lei estadual que serão cobrados pelo ato a ser praticado.

"VIII - observar os emolumentos fixados para a prática dos atos do seu ofício;"

Estudaremos em capítulo próprio que o descumprimento de quaisquer dos deveres constitui infração disciplinar, com a imposição das penalidades previstas em lei. Complementando, as leis estaduais determinam sanções pela inobservância dos emolumentos fixados para a prática dos atos registrais.

É o caso da Lei do Estado de São Paulo n. 11.331/02, que dispõe no art. 32, § 3º, que "na hipótese de recebimento de importâncias indevidas ou excessivas, além da pena de multa, o infrator fica obrigado a restituir ao interessado o décuplo da quantia irregularmente cobrada."

Deve-se salientar que para cumprir este dever não basta não cobrar valores a mais, mas também não se deve cobrar valores a menos. Muito embora os serviços de registro devam ser exercidos em caráter privado, eles sofrem diversas derrogações de caráter público, como a proibição de se utilizar conceitos mercadológicos. Ademais, os emolumentos possuem natureza jurídica de tributo, somente podendo ocorrer isenções por meio de lei.

"IX - dar recibo dos emolumentos percebidos;"

Os oficiais devem dar recibo dos emolumentos de maneira discriminada, inclusive minuciando as parcelas dos valores que serão repassadas a outras entidades, nos termos da lei.

Este dever é complementado pelo art. 6º da Lei n. 10.169/00, que determina aos registradores o fornecimento de recibo dos emolumentos percebidos, sem prejuízo da indicação definitiva e obrigatória dos respectivos valores à margem do documento entregue ao interessado, em conformidade com a tabela vigente.

Portanto, deve ser fornecido ao usuário do serviço público o recibo dos emolumentos percebidos, bem como, à margem do documento entregue, deve constar os valores percebidos a título de emolumentos. Quando se tratar de documento fornecido com isenção, deve-se constar a expressão "isento de emolumentos", parafraseando o que consta das normas de serviços do Estado de São Paulo (item 3.3, capítulo XVII, Tomo II, NSCGJ-SP).

"X - observar os prazos legais fixados para a prática dos atos do seu ofício;"

Se a lei fixa prazo máximo, pode-se praticar o ato em menor tempo, por força do princípio da eficiência. O oficial deve cumprir as suas atribuições envidando o máximo de esforço para realizar o ato desejado no menor tempo possível.

Por outro lado, caso sejam descumpridos os prazos de forma não habitual, por circunstâncias alheias, não há qualquer quebra de dever por parte do oficial. Com efeito, em município de pequeno porte, em que se lavram poucos atos por dia, não se justifica a oneração da folha de pagamento com mais 1 (um) ou 2 (dois) escreventes para que, hipoteticamente, se possa observar os prazos legais caso surja carga de trabalho não rotineira.

É desarrazoada a contratação pela legislação trabalhista, com toda a carga tributária incidente, de preposto por supor que, caso haja aumento de trabalho de forma circunstancial, o preposto esteja à disposição.

Posto isto, o oficial deve ser diligente e eficiente, cumprindo os prazos no menor tempo possível, ainda que a lei fixe prazo maior, mas raramente, de forma eventual, havendo ultrapassagem dos prazos fixados em lei para o cumprimento do ato, o oficial não deve ser penalizado por força do princípio da proporcionalidade.

"XI - fiscalizar o recolhimento dos impostos incidentes sobre os atos que devem praticar;"

As fiscalizações de recolhimento dos impostos incidentes sobre os atos que devem praticar são comuns na seara dos tabeliães de notas e dos oficiais de registro de imóveis, por exemplo, no tocante ao recolhimento do ITBI e ITCMD.

O Código Tributário Nacional, nos arts. 134, VI e 135, I, reforçam este dever ao dispor que nos casos de impossibilidade de exigência do cumprimento da obrigação principal pelo contribuinte, respondem solidariamente com este nos atos em que intervierem ou pelas omissões de que forem responsáveis os tabeliães e oficiais de registro, pelos tributos devidos sobre os atos praticados por eles, ou perante eles, em razão do seu ofício. Ademais, também são pessoalmente responsáveis pelos créditos correspondentes a obrigações tributárias resultantes de atos praticados com excesso de poderes ou infração de lei.

"XII - facilitar, por todos os meios, o acesso à documentação existente às pessoas legalmente habilitadas;"

O acesso à documentação existente se dá por meio de publicidade indireta, que ocorre mediante o fornecimento de certidões, nos termos dos art. 16, item 1º da Lei n. 6.015/73, caso em que os oficiais de registro são obrigados a lavrar certidão do que lhes for requerido.

"XIII - encaminhar ao juízo competente as dúvidas levantadas pelos interessados, obedecida a sistemática processual fixada pela legislação respectiva;"

O procedimento de dúvida é descrito no art. 198 e seguintes da Lei de Registros Públicos, em síntese, trata-se de, havendo exigência a ser satisfeita, o oficial indicar por escrito. Não se conformando com a exigência do oficial, ou não a podendo satisfazer, será o título, a requerimento do apresentante e com a declaração de dúvida, remetido ao juízo competente para dirimi-la.

O procedimento de dúvida é concebido estruturalmente para a atividade dos registradores imobiliários, razão pela qual no art. 296 da Lei n. 6.015/73 informa que aos registros referidos no art. 1º, § 1º, incisos I, II e III, desta Lei, neste rol incluído o registro civil das pessoas naturais, aplicam-se as disposições relativas ao processo de dúvida no registro de imóveis.

Em caso de suscitação de dúvida não compete ao oficial a discricionariedade de encaminhar o procedimento ao juízo competente, mas sim de dever. Se o usuário do serviço público se insurgir contra as exigências, também poderá suscitar dúvida diretamente no juízo competente, a qual é denominada doutrinariamente de dúvida inversa.

"XIV - observar as normas técnicas estabelecidas pelo juízo competente."

Por fim, para que haja principalmente organização de entendimento e padronização, efetividade e segurança jurídica, os oficiais de registro devem observar as normas estabelecidas pelo juízo competente, incluindo-se a corregedoria permanente (local), a de âmbito estadual, bem como a nacional.

7. Infrações Disciplinares e Penalidades

O Estado democrático de direito vigente no Brasil determina que os agentes públicos, servidores, funcionários e todos os que de algum modo exercem atividades públicas devem respeitar e seguir o ordenamento jurídico. Com os registradores não é diferente. Devem observar as leis, atos administrativos, normas, regulamentos e tudo que disser respeito à atividade delegada, sob pena de infração disciplinar e imposição de sanções administrativas.

O Poder Judiciário é competente para a averiguação de possível infração disciplinar e suas consequentes penalidades, incumbência esta que caberá ao juízo competente, nos termos do art. 34 da Lei n. 8.935/94. No Estado de São Paulo os pedidos de providências, as apurações preliminares, as sindicâncias e os processos administrativos relativos aos serviços notariais e de registro serão realizados pelos Juízes Corregedores Permanentes a que, na atualidade do procedimento, os titulares dos serviços notariais e de registro estiverem subordinados (item 20, capítulo XXI, Tomo II, NSCGJ-SP).

As condutas que podem ocasionar infrações disciplinares e sujeitar os oficiais de registro às penalidades previstas em lei, estão previstas no art. 31 da Lei n. 8.935/94, e são as seguintes:

"I - a inobservância das prescrições legais ou normativas;

II - a conduta atentatória às instituições notariais e de registro;

III - a cobrança indevida ou excessiva de emolumentos, ainda que sob a alegação de urgência;

IV - a violação do sigilo profissional;

V - o descumprimento de quaisquer dos deveres descritos no art. 30."

A inobservância das prescrições legais ou normativas é o descumprimento do ordenamento jurídico atinente à atividade registral, ou seja, o oficial não deve fazer juízo de valor, probatório, a menos que esteja autorizado, observando rigorosamente o que lhe é determinado, evitando o excesso e o descaso, sendo o meio-termo o ponto ideal. Com efeito, não compete ao oficial questionar o mérito das leis ou atos administrativos, devendo cumprir suas atribuições com observância rigorosa e a contento.

A conduta atentatória às instituições de registro é um conceito aberto, que deve ser analisado casuisticamente pelo magistrado que averiguará se esta ocorreu ou não. Podemos a título de exemplo mencionar que a concorrência desleal entre os registradores, com propagandas abusivas ou de captação de clientela, pode ser considerada como ato atentatório à instituição. Ademais, há oficiais que cumulam parcela de atividade puramente notarial, nos termos do art. 52 da Lei n. 8.935/94, podendo atrair usuários do serviço público para a sua serventia, não por reconhecimento jurídico e bom desempenho nas atividades, mas sim pela utilização de conceitos de marketing.

Em São Paulo, a 2ª Vara de Registros Públicos em 02/06/2017 instaurou processo administrativo disciplinar para averiguar a conduta de preposto que ao expedir certidão de óbito omitiu o nome de um descendente, o que, em tese, configuraria conduta atentatória às instituições notariais e de registro, conforme segue a ementa e alguns trechos mais importantes:

"PORTARIA 124/2017. PROCESSO ADMINISTRATIVO DISCIPLINAR. CERTIDÃO DE ÓBITO - EXPEDIÇÃO - OMISSÃO DE HERDEIRO. PUNIÇÃO - MULTA.

Considerando o apurado no expediente verificatório n. 0028515-17.2015.8.26.0100, no qual se constatou procedimento irregular, consistente na expedição de certidão de óbito com dados incompletos, em razão da ausência de estrutura de fiscalização a cargo do Sr. Oficial do Registro Civil;

Considerando que em 21.02.2013 houve a expedição de certidão de óbito pelo Sr. Escrevente F.G.V. com irregularidade no campo das observações, uma vez que no assento constava que o falecido deixou quatro filhos e na certidão suprimiu-se um dos descendentes, havendo o nome de somente três filhos;

Considerando que a referida certidão irregular foi utilizada em processo judicial, em prejuízo de herdeiro, redundando na instauração de Inquérito Policial;

[...]

Considerando que o procedimento em questão configura, em tese, infração disciplinar capitulada no inciso I (inobservância das prescrições legais ou normativas) e II (conduta *atentatória* às instituições notariais e de registro) do artigo 31 da Lei 8.935/94;

[...]"

Em outra ocasião, a 2ª Vara de Registros Públicos da Capital do Estado de São Paulo, por meio da portaria

77/2017, instaurou processo administrativo para averiguação de lançamentos indevidos a título de despesa no Livro de Registro Diário da Receita e da Despesa por parte do titular da serventia, conforme segue a ementa e trechos de maior importância para este estudo:

"LIVRO CAIXA - LANÇAMENTOS - PROCESSO ADMINISTRATIVO DISCIPLINAR – INFRAÇÃO DISCIPLINAR GRAVE – PORTARIA 77/2017.

Considerando o evidenciado nos autos do expediente verificatório n. 0009921-18.2016.8.26.0100, no qual se constatou procedimento irregular, consistente em lançamentos indevidos a título de despesa no Livro de Registro Diário da Receita e da Despesa nos anos de 2011, 2012, 2013, 2014 e 2015, repercutindo na diminuição do resultado positivo da delegação, consoante comportamento do Titular da Delegação, conforme segue abaixo de forma especificada;

[...]

Considerando, ainda, que o procedimento em questão configura infração disciplinar capitulada nos incisos I (inobservância das prescrições legais ou normativas) e II (conduta atentatória às instituições notariais e de registro), do artigo 31 da Lei 8.935/94;

[...]"

Diante disso, pode-se perceber, conforme já dito, que o conceito de conduta atentatória à instituição é casuístico, competindo a autoridade judicial a análise e o preenchimento formal a cada caso concreto.

No tocante a cobrança indevida ou excessiva de emolumentos, ainda que sob a alegação de urgência, é considerada infração disciplinar. É dever do oficial observar os emolumentos fixados para a prática dos atos do seu ofício (art. 30, VIII da Lei n. 8.935/94), não podendo cobrar emolumentos a mais ou a menos, em nenhuma hipótese, salvo se autorizado por lei.

A infração disciplinar por violação do sigilo profissional deve ser interpretada de forma harmônica com o princípio da publicidade, tendo em vista que os oficiais são obrigados a fornecer certidões do que lhes for requerido (art. 16 da Lei n. 6.015/73).

O oficial deve guardar sigilo sobre a documentação e os assuntos de natureza reservada a qual tenham conhecimento em razão do exercício de sua profissão (art. 30, VI da Lei n. 8.935/94), ao passo que para a lavratura de atos e expedição de certidões a publicidade é a regra, só podendo ser restringida em razão de previsão no ordenamento jurídico.

A título de exemplo, a Lei n. 8.560/92, no art. 6º diz que das "certidões de nascimento não constarão indícios de a concepção haver sido decorrente de relação extraconjugal." Portanto, o oficial não poderá constar estes indícios na certidão ou verbaliza-los ao solicitante, sob pena de violação do sigilo profissional.

O Conselho Nacional de Justiça editou o Provimento n. 63 de 14 de novembro de 2017 e instituiu os modelos únicos de certidões, sendo que nestes modelos de certidões não constarão diversos elementos dos assentos, como a profissão dos pais do registrado. Resta-nos a pergunta: pode o oficial constar, a pedido do requerente, a profissão dos pais do registrado ao expedir a certidão de nascimento? A resposta é afirmativa.

A profissão dos pais, entre outros elementos constantes do registro, não carrega qualquer evidência ou mácula que impeça a publicidade, podendo, a pedido do solicitante, constar das certidões. Neste sentido temos o esclarecedor enunciado da ARPEN-SP:

> "Enunciado 30: É possível acrescer no campo das observações/averbações da certidão outros elementos do registro que não estejam protegidos pelo sigilo (por exemplo, a profissão dos genitores no registro de nascimento, estado civil dos nubentes no registro de casamento), sempre que houver pedido do solicitante nesse sentido. Neste caso, por não serem anotações nem averbações, não incide a cobrança dos emolumentos previstos no item 12 da Tabela V (Lei Estadual 11.331/2002)."

Portanto, o oficial deve sopesar o dever de sigilo e o princípio da publicidade, encontrando desta equação a harmonia ideal para o exercício da atividade profissional.

Em capítulo anterior abordamos os deveres dos registradores, hipótese em que o descumprimento destes pode constituir infração disciplinar, nos termos do art. 31, V da Lei n. 8.935/94.

Os oficiais de registro estão sujeitos, pelas infrações que praticarem, assegurado amplo direito de defesa, às penas de repreensão, multa, suspensão por noventa dias, prorrogável por mais trinta e, por fim, perda da delegação.

As penas serão impostas pelo juízo competente, independentemente da ordem de gradação, conforme a gravidade do fato, sendo as seguintes, nos termos do art. 33 da Lei n. 8.935/94:

"I - de repreensão, no caso de falta leve;

II - de multa, em caso de reincidência ou de infração que não configure falta mais grave;

III - de suspensão, em caso de reiterado descumprimento dos deveres ou de falta grave."

Como sanção mais grave, poderá ocorrer a perda da delegação, a qual dependerá de sentença judicial transitada em julgado ou de decisão decorrente de processo administrativo instaurado pelo juízo competente, assegurado amplo direito de defesa. O § 1º do art. 35 da Lei n. 8.935/94 afirma que, quando o caso configurar a perda da delegação, o juízo competente suspenderá o notário ou oficial de registro até a decisão final, e designará interventor, observando-se o disposto no art. 36 da mesma lei.

O art. 36 da lei citada, por sua vez, afirma que quando, para a apuração de faltas imputadas a notários ou a oficiais de registro, for necessário o afastamento do titular do serviço, poderá ele ser suspenso preventivamente pelo prazo de noventa dias, prorrogável por mais trinta.

A lei utilizou a sentença "quando (...) for necessário o afastamento do titular do serviço, poderá ele ser suspenso, preventivamente". Com efeito, em se configurando de antemão caso de perda da delegação, o juiz não suspenderá obrigatoriamente o oficial, sendo mera faculdade a ser analisada no caso em concreto. Esta é a exegese que melhor se amolda na interpretação dos artigos 35, § 1º e 36 da Lei n. 8.935/94. Aliás, neste sentido é o entendimento da 2ª Vara de Registros Públicos da Capital do Estado de São Paulo, que em decisão recente datada de 09/08/2018, por meio da portaria 25/2018 instaurou processo administrativo disciplinar, mas resolveu, no item "3" da referida decisão, deixar de aplicar a suspensão do tabelião, conforme segue:

"RESOLVE:

[...]

3. Deixar de determinar, por ora, a suspensão prevista no parágrafo primeiro, do artigo 35, da Lei n. 8.935/1.994, por entender que o comando legal é facultativo, se interpretado com o artigo 36 da mesma Lei, e, ademais, mostrando-se prudente, no caso em exame, a prévia oitiva da Senhora Tabeliã, em audiência, acerca dos fatos;"

Sendo necessário o afastamento do titular, o juízo competente designará interventor para responder pela serventia quando o substituto também for acusado das faltas ou quando a medida se revelar conveniente para os serviços.

Durante o período de afastamento, o titular perceberá metade da renda líquida da serventia, a outra metade será depositada em conta bancária especial, com correção monetária. Se o titular for absolvido, receberá o montante dessa conta, se condenado, caberá esse montante ao interventor.

8. Extinção da Delegação

A extinção da delegação ao oficial de registro ocorrerá, nos termos do art. 39 da Lei n. 8.935/94, por:

"I - morte;

II - aposentadoria facultativa;

III - invalidez;

IV - renúncia;

V - perda, nos termos do art. 35.

VI - descumprimento, comprovado, da gratuidade estabelecida na Lei n. 9.534, de 10 de dezembro de 1997."

O que salta aos olhos é a perda da delegação por descumprimento comprovado da gratuidade. Por força princípio da razoabilidade e proporcionalidade, deve primeiro ser observada a aplicação de sanções menores, de acordo com a gravidade do fato e a reiteração de condutas do oficial, a culpa ou dolo e muitas outras variantes.

Neste sentido, o art. 30, § 3º-A da Lei de Registros Públicos determina que, somente se comprovado o descumprimento pelos oficiais de Cartórios de Registro Civil da gratuidade de emolumentos pelo registro civil de nascimento e pelo assento de óbito, bem como pela primeira certidão respectiva, é que serão aplicadas as penalidades previstas nos arts. 32 e 33 da Lei n. 8.935/1994.

Assim, primeiro deve ser aplicada a pena de repreensão, multa ou suspensão. Esgotadas estas penalidades e verificando-se novo descumprimento, é que será aplicada a pena de perda da delegação prevista no art. 39, VI da Lei n. 8.935/94 (art. 30, § 3º-B da Lei n. 6.015/73).

Para fins didáticos, transcrevemos o art. 30 e §§ 3º-A e 3º-B da Lei n. 6.015/73, conforme segue:

> "Art. 30. Não serão cobrados emolumentos pelo registro civil de nascimento e pelo assento de óbito, bem como pela primeira certidão respectiva.
>
> [...]
>
> § 3º-A. Comprovado o descumprimento, pelos oficiais de Cartórios de Registro Civil, do disposto no caput deste artigo, aplicar-se-ão as penalidades previstas nos arts. 32 e 33 da Lei no 8.935, de 18 de novembro de 1994.
>
> § 3º-B. Esgotadas as penalidades a que se refere o parágrafo anterior e verificando-se novo descumprimento, aplicar-se-á o disposto no art. 39 da Lei no 8.935, de 18 de novembro de 1994."

Em relação à aposentadoria, não se aplicam aos oficiais as regras que determinam a aposentadoria compulsória, razão pela qual andou bem o legislador ao fixar tão somente a aposentadoria facultativa como hipótese de perda da delegação. Destarte, o intuito da lei não foi impedir que os titulares tenham aposentadorias privadas ou coisas do gênero. Não é isso. A intenção do legislador, conforme já afirmado, foi deixar claro e cristalino que aos oficiais não se aplicam as regras atinentes à aposentadoria compulsória, de forma que, optando por se aposentarem, extinguirá a delegação.

A propósito, os oficiais de registro e seus prepostos são vinculados à previdência social de âmbito federal e têm assegurada a contagem recíproca de tempo de serviço em sistemas diversos (art. 40 da Lei n. 8.935/94), portanto, dar-se-á aposentadoria facultativa ou por invalidez nos termos da legislação previdenciária federal (art. 39, § 1º da Lei n. 8.935/94).

Extinta a delegação do oficial de registro, a autoridade competente declarará vago o respectivo serviço, designará o substituto mais antigo para responder pelo expediente e abrirá concurso (art. 39, § 2º da Lei n. 8.935/94).

9. Escrituração e Ordem de Serviço

A escrituração dos livros de registro será feita seguidamente, em ordem cronológica, cada assento com seu respectivo número, de forma crescente, em sentido infinito. Esta é a regra prevista no art. 7º da Lei n. 6.015/73.

Por determinação normativa, esta regra pode ser excepcionada. É a previsão expressa do item 15, capítulo XVII, Tomo II das Normas de Serviço da Corregedoria Geral da Justiça do Estado de São Paulo, em que:

> "No Livro Protocolo de Entrada serão registrados, pela ordem de entrada e em série anual os processos de habilitação para casamento e os procedimentos administrativos que envolvam registros ou averbações, além de todos os pedidos relacionados a atos que não podem ser atendidos de imediato."

Destaque para a expressão "série anual", pela qual se entende que a numeração de registros não deve ultrapassar o ano do calendário comum, retornando, portanto, ao primeiro número no primeiro registro do ano seguinte.

A Lei de Registros Públicos n. 6.015/73 prevê primeiramente a escrituração realizada sob a forma de livros encadernados, sendo que os livros podem ter 0,22m até 0,40m de largura e de 0,33m até 0,55m de altura, cabendo ao oficial a escolha dentro dessas dimensões, de acordo com a conveniência do serviço (art. 3º, *caput* e § 1º, LRP).

Para facilidade do serviço, prevê o § 2º do artigo e lei citada, que os livros podem ser escriturados mecanicamente, em folhas soltas, obedecidos os modelos aprovados pela autoridade judiciária competente.

Nos parece razoável que este trecho legal deve ser interpretado sistematicamente, uma vez que as impressoras comuns adotam como padrão a folha em formato A4 (210 mm x 297 mm), podendo os registradores se utilizarem deste formato independentemente de modelo aprovado pelo juiz competente.

Isto porque a lei orgânica dos notários e registradores (Lei n. 8.935/94) reconhece os delegados como profissionais do direito e gozam de independência no exercício de suas atribuições (art. 3º e 28). Ademais, os serviços notariais e de registro serão exercidos em caráter privado (art. 236, CF) e incumbe aos notários e oficiais de registro praticar, independentemente de autorização, todos os atos previstos em lei necessários à organização e execução dos serviços (art. 41 da Lei n. 8.935/94).

Por estas razões, é inimaginável a utilização de livros em formatos e tamanhos desproporcionais e ultrapassados, forçando os oficiais a se valerem de escrituração manual, sobretudo nos tempos atuais de grande avanço tecnológico.

Destarte, entendemos que o oficial não está obrigado a autorização do juiz competente para que se utilize de escrituração em papel de formato A4, desde que esta escrituração seja mecânica ou informatizada.

Se for manuscrita, deve seguir os padrões estabelecidos pelo art. 3º, § 1º da Lei n. 6.015/73, qual seja, 0,22 m até 0,40 m de largura e de 0,33 m até 0,55 m de altura.

Segundo Mario de Carvalho Camargo Neto e Marcelo Salaroli de Oliveira:

"Por cautela, pode-se submeter o formato do livro à apreciação judicial, como disposto no § 2º do artigo 3º da LRP. No entanto, é certo, legal e expresso que os notários e registradores não precisam de autorização judicial para utilizarem as melhores técnicas no desempenho de sua atividade (Lei n. 8.935/94, art. 41), de forma que a ausência de apreciação judicial não deverá acarretar qualquer punição a esses profissionais do Direito, muito menos a invalidade dos atos praticados. A própria LRP já previa a possibilidade de o Oficial de Registro escolher o tamanho do livro, dentro das medidas estabelecidas na lei (art. 3º, § 1º), reconhecendo, assim, a qualidade das decisões desses profissionais" (2014, I, p. 83).

No Estado de São Paulo, pacificando o assunto, há previsão expressa nas Normas de Serviço, com o seguinte teor: "Para facilidade do serviço, podem os livros ser escriturados em folha do tipo A4, destinando-se a frente e o verso de cada folha para um único assento" (subitem 16.1, cap. XVII, Tomo II, NSCGJ-SP).

A frente da folha em formato A4 será destinada ao registro propriamente dito e o verso ficará à disposição para que se proceda as eventuais anotações e averbações. Ambos os lados da folha não serão divididos em colunas.

O enunciado de número 1 da ARPEN-SP, que trata da administração das serventias extrajudiciais, diz que:

"O oficial que optar por escriturar o livro nos moldes do item 16.1 deverá assim proceder em todo o livro e não será necessário dividir o livro em colunas. Fundamento: Lei 6.015/73, artigo 3º, § 2º (parte final), item 16.1 das Normas vigentes e a supressão do antigo item 18 das Normas revogadas, bem como a finalidade da norma, que é a otimização do serviço e redução do dispêndio de papel, não fazendo sentido manter no verso uma coluna que não será preenchida jamais. Aconselha-se a constar no termo de abertura do livro os seguintes dizeres 'O presente livro é escriturado mecanicamente, em folhas soltas, sem colunas, destinando-se a frente e o verso de cada folha para um único assento, conforme modelo aprovado pela Corregedoria Geral da Justiça de São Paulo, item 16.1, Capítulo XVII, Normas de Serviço Extrajudicial, nos termos da parte final do § 2º do art. 3º da Lei 6.015/73'".

Não é necessário que se finalize o livro corrente pelo decurso do tempo para que se proceda a abertura de um novo nos moldes acima expostos, tendo em vista que os registradores são profissionais do direito e devem praticar, independentemente de autorização, todos os atos previstos em lei necessários à organização e execução dos serviços. Por cautela, recomenda-se a autorização do juiz corregedor permanente, justificando-se pela necessidade de otimização da prestação do serviço público.

Todos os livros de escrituração devem ser abertos, numerados, autenticados e encerrados pelo oficial de registro (art. 4º da Lei n. 6.015/73). No tocante aos classificadores, ou seja, as pastas destinadas ao arquivamento de documentos utilizados na serventia, não necessitam ser abertos, numerados, autenticados ou mesmo encerrados pelo oficial, sendo recomendado que se crie termos de abertura com a finalidade a que se destina o classificador, anualmente, para melhor organização do serviço.

Os livros terão 300 (trezentas) folhas, sendo divididas em 3 (três) colunas. A esquerda será destinada ao número de ordem, a central, ao assento propriamente dito, já a direita servirá para as notas, averbações e anotações.

Os principais livros do registro civil das pessoas naturais são:

"I - "A" - de registro de nascimento;

II - "B" - de registro de casamento;

III - "B Auxiliar" - de registro de casamento Religioso para Efeitos Civis;

IV - "C" - de registro de óbitos;

V - "C Auxiliar" - de registro de natimortos;

VI - "D" - de registro de proclama."

Conforme já mencionado acima, o subitem 16.1, cap. XVII, Tomo II das Normas de Serviço do Estado de São Paulo prevê a possibilidade de o registrador utilizar a frente e o verso da folha para um único assento.

Este entendimento é de grande valia, pois atualmente há possibilidade de diversas alterações do estado civil por sucessivas vezes, como o registro da união estável, vários casamentos e divórcios. Também é possível que haja reconhecimento de paternidade socioafetiva, inclusão do nome do padrasto, alteração de patronímico dos pais, alteração de prenome e gênero de pessoas transgêneros, retificações, além de muitas outras hipóteses de averbações e anotações.

Portanto, não são raras as ocasiões em que a margem direita do livro de registro se torna escassa, demandando a transposição para outro livro denominado transporte, claro, com remissões recíprocas.

Neste diapasão, é possível que se lavre, principalmente no Estado de São Paulo por expressa previsão normativa, o assento no anverso, remanescendo o verso para as notas, averbações e anotação, o que facilita o exercício da atividade.

Os cartórios de registro civil são notoriamente as instituições com maior capilaridade no país, existindo em cidades com pouquíssimos habitantes, o que torna escassa a quantidade de registros a serem lavrados. Diante disso, considerando a quantidade dos registros, o juiz corregedor permanente poderá autorizar a diminuição do número de páginas dos livros respectivos até a terça parte do consignado na Lei de Registros Públicos (art. 5º da Lei n. 6.015/73).

Cada livro possuirá índice alfabético, que poderá ser substituído pelo sistema de fichas, desde que preencham os requisitos de segurança, comodidade e pronta busca (art. 34, parágrafo único da Lei n. 6.015/73). Modernamente, entendemos que o índice pode ser realizado de forma digital, também desde que preenchidos os requisitos citados.

Os assentos devem ser lidos em voz alta e de forma clara para os declarantes, devendo esta menção ser expressa no termo que posteriormente assinarão. Caso haja erro ou omissão, é permitida a ressalva desde que antes das assinaturas ou ainda em seguida, mas antes de outro assento, sendo assinado por todos novamente (arts. 38 e 39 da Lei de Registros Públicos).

As procurações utilizadas para a lavratura de qualquer assento serão arquivadas, declarando-se no termo a data, o livro, a folha e o ofício em que foram lavradas, quando constarem de instrumento público. Se a procuração for por instrumento particular também devem ser feitas remissões recíprocas no assento e à margem da procuração arquivada.

Se os declarantes ou as testemunhas não puderem, por quaisquer circunstâncias, assinar, ainda que sejam alfabetizados, deverá ser mencionada a impossibilidade no assento, devendo outra pessoa assinar a rogo, tomando-se a impressão dactiloscópica da que não assinar, à margem do assento (art. 37, § 1º da Lei n. 6.015/73).

Não se deve utilizar tinta de carimbo para colher a impressão dactiloscópica, mas sim coletor específico para esse fim, de forma que se evite constrangimentos.

Os livros jamais podem ser rasurados, emendados ou sofrer qualquer ato que possa gerar insegurança jurídica. Qualquer retificação, suprimento, exclusão ou inclusão posterior ao aperfeiçoamento do registro deve ser procedido via judicial ou por retificação administrativa, nos termos do art. 110 da Lei n. 6.015/73.

Caso tenha havido omissão ou erro, de modo que seja necessário fazer adição ou emenda, estas serão feitas antes da assinatura ou ainda em seguida, mas antes de outro assento, sendo a ressalva novamente por todos assinada.

Reputa-se, portanto, inexistente e sem efeitos jurídicos qualquer emenda ou alteração posterior à assinatura, não ressalvada e por todos assinada. Por isso é muito comum, quando há erro de grafia durante a lavratura do assento ou de anotações e averbações realizadas de forma manual, constar a expressão "digo" e a correção do erro antes das assinaturas.

É importante salientar que, dentre os principais livros do oficial de registro civil, não há um com previsão expressa na legislação para o registro dos casamentos decorrentes de conversão de união estável. Dessa forma, os casamentos por conversão de união estável serão registrados no livro "B" ou "B Auxiliar" a depender das normas administrativas de cada Estado. Em São Paulo deve ser registrado no livro "B".

A testemunha para os assentos de registro deve satisfazer as condições exigidas pela lei civil, sendo admitido o parente (em qualquer grau) do registrado e, quando a testemunha não for conhecida do oficial do registro, deverá ser apresentado documento hábil da sua identidade, o qual será expressamente mencionado no assento (arts. 42, *caput* e parágrafo único da Lei de Registros Públicos).

Com efeito, é juridicamente possível que as testemunhas legalmente necessárias para a lavratura de registros sejam parentes em qualquer grau do registrado, não havendo qualquer impedimento nisto.

O livro de proclamas será abordado em tópico oportuno. Por ora, cumpre-nos esclarecer que serão escriturados, assim como todos os demais livros, em ordem cronológica, inscrevendo-se o resumo do que constar dos editais expedidos pelo próprio cartório ou recebidos de outros, todos assinados pelo oficial. Hodiernamente, há normas administrativas que preveem a possibilidade de registro e publicação somente pela via digital, como autorizado pela Corregedoria Geral da Justiça do Estado de São Paulo, nos termos do Provimento 46/2016.

Os livros seguem indefinidamente conforme a escrituração preencha as 300 (trezentas) folhas. Isso quer dizer que não existe apenas 1 (um) livro "A" em cada cartório, mas sim "A-1", "A-2", "B-1", "B-2", "B-3", e assim sucessivamente, cada qual com o devido termo de abertura, numeração, autenticação e encerramento.

O livro "E" é o que guarda certas peculiaridades, pois só existem nos cartórios sede das comarcas (ou 1º Subdistrito, 1º Ofício ou da 1ª Subdivisão Judiciária, nomenclatura que pode mudar de um Estado para o outro), e terá 150 (cento e cinquenta) folhas, podendo o juiz competente autorizar o seu desdobramento em tantos outros quantos forem necessários, nas comarcas de grande movimento, de acordo com a natureza dos atos que serão praticados. Assim, é perfeitamente possível que em determinada comarca exista, por exemplo, o livro "E-97 Emancipações", "E-32 Interdições" etc.

10. Averbações e Anotações

Primeiramente se faz necessária a distinção entre averbações e anotações.

As averbações servem para, em síntese, alterar de forma significativa o conteúdo do registro, seus efeitos e publicidade, bem como o estado civil. Diante disso, a averbação de retificação de nome altera o registro a que se refere, a de divórcio altera o estado civil, entre outras. Cada qual alterando os efeitos e a publicidade, garantindo segurança jurídica aos registros públicos e refletindo a realidade.

As anotações, por sua vez, não se destinam a alterar o assento, tampouco o estado civil. Servem para criar uma cadeia, concatenando os assentos, amarrando-os. Portanto, as anotações são remissões recíprocas entre os assentos.

Com relação às averbações, serão feitas pelo oficial do cartório em que constar o assento à vista da carta de sentença, de mandado ou de petição acompanhada de certidão ou documento legal e autêntico e, se houver suspeita de fraude, falsidade ou má-fé nas declarações ou na documentação, o oficial não praticará o ato pretendido e submeterá o caso ao representante do Ministério Público para manifestação, com a indicação por escrito dos motivos da suspeita (art. 97 e parágrafo único da Lei n. 6.015/73).

As averbações serão realizadas à margem do assento e, quando não houver espaço, no livro corrente, com as notas e remissões recíprocas que facilitem a busca. É permitido a utilização de livro transporte, específico para a transposição destes elementos quando não couberem à margem dos assentos originários. A averbação será feita mediante a indicação minuciosa da sentença ou ato que a determinar (arts. 98 e 99 da Lei n. 6.015/73).

O arts. 100 e 101 da Lei de Registros Públicos diz que no livro de casamento serão averbados, à margem, a sentença de nulidade e anulação de casamento, bem como do desquite, declarando-se a data em que o juiz a proferiu, a sua conclusão, os nomes das partes e o trânsito em julgado. Trazendo para os dias atuais, em que não mais existe o instituto do desquite, são permitidas as averbações de separação, divórcio e restabelecimento da sociedade conjugal (art. 10, I, Código Civil). Há aqueles que entendem que não existe mais a figura da separação, todavia, não deve o oficial de registro adentrar neste mérito, sobretudo quando a ordem advier de autoridade judicial, devendo qualificar o título, neste tocante, positivamente para ingresso no fólio registral.

Não se procederá às averbações acima ditas sem que tenha havido o trânsito em julgado das decisões judiciais e, perante terceiros, somente produzirão efeitos depois de averbadas.

No livro de nascimento, poderão ser averbados, tomando como parâmetro o item 122, capítulo XVII, Tomo II das Normas de Serviço da Corregedoria Geral da Justiça do Estado de São Paulo, os seguintes atos:

"a) as decisões declaratórias de filiação;

b) o reconhecimento judicial ou voluntário dos filhos;

c) a perda ou a retomada de nacionalidade brasileira, quando comunicadas pelo

Ministério da Justiça;

d) a perda, a suspensão e a destituição do poder familiar;

e) quaisquer alterações do nome;

f) termo de guarda e responsabilidade;

g) a nomeação de tutor;

h) as sentenças concessivas de adoção do maior;

i) as sentenças de adoção unilateral de criança ou adolescente."

O rol não é taxativo, sendo meramente exemplificativo, assim, é plenamente possível ordem judicial para que o oficial proceda a averbação não prevista em lei.

No Livro "E", ou seja, de registro de emancipações, interdições, ausências e outros, será feita a averbação das sentenças que puserem termo à interdição, das substituições dos curadores de interditos ou ausentes, das alterações dos limites de curatela, da cessação ou mudança de internação, bem como da cessação da ausência pelo aparecimento do ausente (art. 104 da Lei n. 6.015/73). Será averbado, também, no assento de ausência, a sentença de abertura de sucessão provisória, após o trânsito em julgado, com referência especial ao testamento do ausente se houver e indicação de seus herdeiros habilitados (art. 104, parágrafo único da Lei n. 6.015/73).

Com relação às comunicações, sempre que o oficial realizar algum registro ou averbação, deverá, no prazo de 5 (cinco) dias, anotá-los, com as recíprocas remissões, nos assentos anteriores, se pertencente ao seu cartório, ou comunicar ao cartório em que está lavrado o registro primitivo, se distinto, conforme determina o art. 106 da Lei n. 6.015/73 nos seguintes termos:

"Art. 106. Sempre que o oficial fizer algum registro ou averbação, deverá, no prazo de cinco dias, anotá-lo nos atos anteriores, com remissões recíprocas, se lançados em seu cartório, ou fará comunicação, com resumo do assento, ao oficial em cujo cartório estiverem os registros primitivos, obedecendo-se sempre à forma prescrita no artigo 98."

O art. 98 da Lei de Registros Públicos determina que a averbação será feita à margem do assento e, quando não houver espaço no livro corrente, com as notas e remissões recíprocas, que facilitem a busca. Podendo o oficial se valer de livro transporte.

Segundo o parágrafo único do art. 106 da Lei 6.015/73, as comunicações serão feitas mediante cartas relacionadas em protocolo, anotando-se, à margem ou sob o ato comunicado, o número de protocolo, ficando arquivadas no cartório que as receber. Ocorre que com os avanços da tecnologia, principalmente pelo advento do portal eletrônico denominado Central de Informações de Registro Civil das Pessoas Naturais – CRC, os oficiais podem comunicar, de forma digital, os registros e averbações a outros cartórios, para serem anotados nos assentos anteriores, o que traz agilidade, economia e segurança. Atualmente o Provimento n. 46, datado de 16/06/2015, editado pelo Conselho Nacional de Justiça regulamentou a questão, conforme dispõe no art. 3º, inciso II que:

"Art. 3º. A Central de Informações de Registro Civil das Pessoas Naturais – CRC disponibilizará as seguintes funcionalidades:

[...]

II. CRC – Comunicações: ferramenta destinada a cumprir as comunicações obrigatórias previstas nos artigos 106 e 107 da Lei n. 6.015, de 31 de dezembro de 1973."

E mais, o art. 8º do mesmo provimento determina que "As comunicações previstas nos artigos 106 e 107 da Lei n. 6.015/73 deverão ser enviadas obrigatoriamente pela Central de Informações de Registro Civil das Pessoas Naturais – CRC."

Com efeito, a única via para comunicação de assentos e averbações, para que sejam procedidas as devidas anotações nos assentos primitivos, deve se dar por meio da ferramenta "comunicações" dentro do portal eletrônico da Central de Informações de Registro Civil das Pessoas Naturais – CRC.

O art. 9º ressalva que a ferramenta "comunicações" não impede a realização da anotação por outros meios, como a apresentação, diretamente ao Oficial de Registro Civil das Pessoas Naturais, do original ou cópia autenticada da certidão do ato, ou a informação obtida na CRC – Buscas. Com efeito, é permitido ao oficial proceder, inclusive de ofício, pesquisas dentro da Central de Registro Civil na plataforma "buscas", para localizar um assento posterior; por exemplo, de óbito, anotando-o em livro de casamento de sua serventia. Também é possível que o solicitante compareça diretamente à serventia portando a certidão original ou cópia autenticada e requeira que o oficial proceda à devida anotação.

Para melhor esclarecer a questão das anotações, vamos aos exemplos: se o oficial realizar um registro de óbito e o *de cujus* possuir o registro de casamento e nascimento no mesmo cartório, caberá ao oficial anotar esta circunstância nos assentos anteriores. Em sendo um registro de casamento, anotaria somente no assento de nascimento. Assim, se lavrado registro de interdição, anota-se aos assentos anteriores (nascimento e/ou casamento), emancipação e união estável, idem.

Para as averbações o procedimento é o mesmo. Realizada determinada averbação, como a de divórcio no assento de casamento, deverá anotar no assento de nascimento, se pertencente ao mesmo cartório.

Mas o que acontece se o registro anterior, no qual deverá ser realizada a anotação, pertencer a outra Serventia? Nesta situação caberá ao oficial comunicar, com resumo do assento, ao oficial em cujo cartório estiverem os registros primitivos.

11. Emolumentos

Os emolumentos são regulamentados pela Lei Federal n. 10.169/2000, que estabeleceu normas gerais para a sua fixação, relativos aos atos praticados pelos serviços notariais e de registro.

Possuem natureza jurídica de tributo na espécie taxa, de forma que o registrador não pode conceder isenções, salvo previstas em lei, tampouco exigir valores divergentes da tabela estadual, sob pena de sanção administrativa, civil e criminal.

A Lei n. 10.169/2000 em seu art. 1º estabeleceu que os Estados e Distrito Federal, por meio de legislações estaduais, fixarão os valores relativos aos atos praticados pelos notários e registradores.

Importante estipulação consta no parágrafo único do artigo citado, que diz "o valor fixado para os emolumentos deverá corresponder ao efetivo custo e à adequada e suficiente remuneração dos serviços prestados" e as legislações estaduais levarão em conta a natureza pública e o caráter social dos serviços notariais e de registro (art. 2º, *caput* da Lei n. 10.169/2000).

Os emolumentos devem ser fixados em tabela e expressos em moeda corrente, vedada a cobrança em percentual. Também podem ser fixados emolumentos específicos para cada espécie de ato.

É terminantemente vedada a cobrança de quaisquer outras quantias não expressamente previstas nas tabelas de emolumentos ou cobrar emolumentos em decorrência da prática de ato de retificação ou que teve de ser refeito ou renovado em razão de erro imputável aos respectivos serviços notariais e de registro (art. 3º, incisos III e IV da Lei n. 10.169/2000).

As tabelas de emolumentos serão publicadas nos órgãos oficiais dos Estados respectivos, cabendo às autoridades competentes determinar a fiscalização do seu cumprimento. Também devem estar afixadas em local de fácil visualização nas serventias extrajudiciais, e mais, dos valores recebidos deverá ser passado recibo e constar à margem do documento entregue ao interessado (artigos 4º e 6º da Lei n. 10.169/2000).

Os Estados e o Distrito Federal, no âmbito de sua competência, no prazo de noventa dias, contado da data de vigência da Lei n. 10.169/2000, estabelecerão forma de compensação aos registradores civis das pessoas naturais pelos atos gratuitos por eles praticados, sem gerar qualquer ônus para o Poder Público (art. 8º e parágrafo único da Lei n. 10.169/2000). Este prazo se esgotou há muito, visto que a lei citada entrou em vigor na data de sua publicação, porém, é conhecido que ainda há Estados-membros que não disciplinaram esta forma de compensação, obrigando muitos oficiais a exercerem a prática de alguns atos sem qualquer contraprestação.

Com efeito, há atos praticados no registro civil das pessoas naturais que são gratuitos indistintamente a todos e outros que serão gratuitos apenas aos reconhecidamente pobres.

A Constituição Federal, art. 5º, LXXVII, diz que "são gratuitas as ações de habeas corpus e habeas data, e, na forma da lei, os atos necessários ao exercício da cidadania." A fim de regulamentar este inciso foi elaborada a Lei n. 9.265/96, que prevê que o registro civil de nascimento e de óbito, inclusive a primeira certidão, são atos necessários ao exercício da cidadania, portanto, são gratuitos (art. 1º, VI, da lei citada).

Diante dessa lei, outra foi editada, de n. 9.534/97, que deu nova redação ao art. 30 da Lei de Registros Públicos, passando a ter o seguinte teor: "Não serão cobrados emolumentos pelo registro civil de nascimento e pelo assento de óbito, bem como pela primeira certidão respectiva."

A Associação dos Notários e Registradores - ANOREG/BR., ingressou em 1998 com ADI 1800 no Supremo Tribunal Federal com o fito de discutir a inconstitucionalidade das leis, porém foi julgada improcedente pelo Tribunal Pleno em 11/06/2007. Segue a ementa:

"EMENTA: CONSTITUCIONAL. ATIVIDADE NOTARIAL. NATUREZA. LEI 9.534/97. REGISTROS PÚBLICOS. ATOS RELACIONADOS AO EXERCÍCIO DA CIDADANIA. GRATUIDADE. PRINCÍPIO DA PROPORCIONALIDADE. VIOLAÇÃO NÃO OBSERVADA. PRECEDENTES. IMPROCEDÊNCIA DA AÇÃO. I - A atividade desenvolvida pelos titulares das serventias de notas e registros, embora seja análoga à atividade empresarial, sujeita-se a um regime de direito público. II - Não ofende o princípio da proporcionalidade lei que isenta os "reconhecidamente pobres" do pagamento dos emolumentos devidos pela expedição de registro civil de nascimento e de óbito, bem como a primeira certidão respectiva. III - Precedentes. IV - Ação julgada improcedente. (ADI 1800, Relator(a): Min. NELSON JOBIM, Relator(a) p/ Acórdão: Min. RICARDO LEWANDOWSKI (ART.38,IV,b,DO RISTF), Tribunal Pleno, julgado em 11/06/2007, DJe-112 DIVULG 27-09-2007 PUBLIC 28-09-2007 DJ 28-09-2007 PP-00026

EMENT VOL-02291-01 PP-00113 RTJ VOL-00206-01 PP-00103)."

Neste ínterim, com a edição da Lei n. 10.169/2000, art. 8°, foi determinado que os Estados e Distrito Federal deverão estabelecer forma de compensação aos registradores civis das pessoas naturais pelos atos gratuitos praticados.

Portanto, é pacífico e constitucional que os registros de nascimentos e óbitos e a primeira certidão são gratuitos a todos, indistintamente, por serem atos considerados necessários ao exercício da cidadania.

Em excelente didática, Vicente Paulo e Marcelo Alexandrino resumem que:

"[...] O Supremo Tribunal Federal considerou válida previsão legal (Lei 9.534/1997) de gratuidade do registro civil de nascimento, do assento de óbito, bem como da primeira certidão respectiva, para todos os cidadãos (e não somente para os reconhecidamente pobres), sob o fundamento de que o fato de a Constituição assegurar tais direitos apenas aos reconhecidamente pobres (art. 5.º, LXXVI) não impede o legislador de estendê-los a outros cidadãos. Destacou-se que o princípio da proporcionalidade apresenta duas facetas – a proibição de excesso e a proibição de proteção deficiente -, legitimando essa previsão legal, que busca igualar ricos e pobres em dois momentos cruciais da vida, de maneira a permitir que todos, independentemente de sua condição ou sua situação patrimonial, nesse particular, possam exercer os direitos de cidadania exatamente nos termos do que dispõe o art. 5.º LXXVII, da Constituição Federal (tal inciso assegura, na forma da lei, a gratuidade dos "atos necessários ao exercício da cidadania")" (2014, p. 212).

Os demais atos praticados pelos oficiais de registro serão gratuitos para os reconhecidamente pobres e o estado de pobreza será comprovado por declaração do próprio interessado ou a rogo, tratando-se de analfabeto, neste caso, acompanhado da assinatura de duas testemunhas (art. 30, § 2º da Lei n. 6.015/73).

Esta parte da legislação deve ser analisada com minúcias, pois, na prática, muitas pessoas que, em tese, têm plenas condições de pagar os emolumentos tentam se valer deste dispositivo para obter isenção.

Muito embora, segundo o art. 30, § 3º da Lei de Registros Públicos diga que a falsidade da declaração ensejará a responsabilidade civil e criminal do interessado, o registrador civil se vê de mãos atadas, pois, se ele descumprir a lavratura gratuita do ato, poderá sofrer as penalidades previstas nos artigos 32 e 33 da Lei n. 8.935/1994 e, verificando-se descumprimento reiterado, a pena de perda da delegação prevista no art. 39, VI da Lei n. 8.935/94.

É plenamente defensável que as gratuidades por mera declaração sejam repensadas e que estas produzam apenas indícios de pobreza.

Os atos praticados de forma gratuita para aqueles que não fazem jus podem acarretar uma sobrecarga de trabalho, recursos que seriam utilizados por quem realmente necessita são destinados a outros que têm condições financeiras. Não haverá repasses de parcela dos emolumentos para outros entes, por exemplo, no Estado de São Paulo, se for o caso, ao Estado, Santa Casa, Ministério Público, Fundo do Registro Civil, Tribunal de Justiça, IPESP etc. Portanto, a gratuidade em grande escala sem aferição real da hipossuficiência gera uma série de graves complicações.

O novo Código de Processo Civil, no que se refere à gratuidade da justiça, explicita no art. 98, § 1º, IX que a gratuidade da justiça compreende os emolumentos devidos a notários ou registradores em decorrência da prática de registro, averbação ou qualquer outro ato notarial necessário à efetivação de decisão judicial ou à continuidade de processo judicial no qual o benefício tenha sido concedido.

Por outro lado, como medida para se evitar os abusos de direito, o § 8º do art. 98 do Código de Processo Civil permitiu ao registrador, caso haja dúvida fundada quanto ao preenchimento atual dos pressupostos para a concessão de gratuidade, após praticar o ato, requerer ao juízo competente para decidir estas questões, tanto pela revogação total, parcial do benefício ou a sua substituição por parcelamento, caso em que o beneficiário será citado para, em 15 (quinze) dias, manifestar-se sobre esse requerimento.

Quando a gratuidade é emanada por ordem judicial, o oficial deverá praticar o ato e somente depois requerer ao juízo competente a revogação total ou parcial do benefício, ou a substituição por parcelamento.

Se o pedido de gratuidade for originado por declaração do próprio interessado, nos termos do art. 30, § 2º da Lei n. 6.015/73, é preciso que os registradores civis tenham cautela, com amadurecimento do tema e melhor amparo legislativo para aferição da hipossuficiência e outros meios de prova.

12. Certidões

A publicidade dos registros públicos se dá por meio de certidões, de forma que o interessado não tem acesso aos livros, mas apenas ao certificado do que neles constam (publicidade indireta). A certidão pode ser requerida por qualquer pessoa sem necessidade de informar ao oficial ou preposto o motivo ou interesse do pedido, sendo os oficiais obrigados a lavrá-las e fornecer aos interessados as informações solicitadas (art. 16 e 17 da Lei n. 6.015/73).

Com efeito, a regra é a publicidade e a expedição de certidão independente de despacho judicial ou qualquer outra autorização, bastando o simples requerimento da pessoa interessada. Todavia, por expressa disposição legislativa, a publicidade pode ser vedada, como é a previsto no art. 18 da Lei de Registros Públicos, que diz "Ressalvado o disposto nos artigos 45, 57, § 7º, e 95, parágrafo único, a certidão será lavrada independentemente de despacho judicial, devendo mencionar o livro de registro ou o documento arquivado no cartório."

Para melhor destrinchar o art. 18 citado, vamos iniciar pela regra, ou seja, a certidão será lavrada independentemente de despacho judicial, devendo mencionar o número do livro ou o documento arquivado. Esta é a regra. As exceções estão nos artigos 45, 57, § 7º, e 95, parágrafo único da Lei de Registros Públicos, que são: legitimação de filho por subsequente matrimônio dos pais, alteração de nome em razão de fundada coação ou ameaça decorrente de colaboração com a apuração de crime e, por fim, o mandado de registro de nascimento em decorrência de adoção.

A Constituição Federal não permite que haja qualquer distinção entre filhos, nos termos do art. 227, § 6°, tornando iguais os filhos, havidos ou não da relação do casamento, ou por adoção, e terão os mesmos direitos e qualificações, proibidas quaisquer designações discriminatórias relativas à filiação.

Mas nada impede que existam averbações anteriores à promulgação da Constituição Federal em que constem elementos distintivos, como a legitimação de filho por subsequente matrimônio dos pais. Neste caso, bem como na alteração do nome em assento em virtude de coação ou ameaça decorrente de colaboração com a apuração de crime, o oficial de registro deve expedir a certidão solicitada normalmente, omitindo estes elementos.

No tocante ao mandado para registro de adoção, por óbvio, não poderá ser dada qualquer publicidade ou expedir certidão deste documento omitindo qualquer dado, sendo imprescindível sempre a autorização judicial.

Modernizando a Lei de Registros Públicos, lhe foi incluída o parágrafo único ao art. 17 para determinar que o acesso ou envio de informações aos registros públicos, quando forem realizados por meio da rede mundial de computadores (internet) deverão ser assinados com uso de certificado digital, que atenderá os requisitos da Infraestrutura de Chaves Públicas Brasileira – ICP (art. 76 da Lei n. 11.977/2009).

O Provimento n. 63 de 14 de novembro de 2017 do Conselho Nacional de Justiça, o qual revogou os Provimentos n. 2 e 3, instituiu modelos únicos de certidão de nascimento, casamento e óbito, padronizando, inclusive, a certidão em inteiro teor e a de natimorto.

As certidões de casamento, nascimento e óbito, sem exceção, passarão a consignar a matrícula que identifica o código nacional da serventia, o código do acervo, o tipo do serviço prestado, o tipo de livro, o número do livro, o número da folha, o número do termo e o dígito verificador (art. 2º, Provimento 63, CNJ). Portanto, nas certidões devem constar o número de matrícula, o qual serve para, entre outros, identificar em qual cartório do Brasil foi registrado aquele ato, a que certidão se refere, data do registro, número do livro, folhas e termo.

A partir da publicação do Provimento n. 63 do Conselho Nacional de Justiça, nos termos do art. 6º e parágrafos, o oficial deverá emitir o CPF do registrado e fazer menção no registro de nascimento e na primeira certidão respectiva. Caso o sistema para emissão do CPF esteja indisponível, o registro não será obstado, devendo o oficial averbar, sem ônus, o número do CPF quando do reestabelecimento do sistema.

E mais, a emissão de segunda via da certidão de nascimento, casamento e óbito dependerá, quando possível, da prévia averbação cadastral do número de CPF no respectivo assento, de forma gratuita.

Com relação aos assentos de nascimento, casamento e óbito lavrados em data anterior à vigência do Provimento 63/2017, CNJ, poderá ser averbado o número de CPF, de forma gratuita, bem como anotados o número do DNI ou RG, título de eleitor e outros dados cadastrais públicos relativos à pessoa natural, mediante conferência, mas a inclusão de dados cadastrais nos assentos e certidões por meio de averbação ou anotação não dispensará a parte interessada de apresentar o documento original quando exigido pelo órgão solicitante ou quando necessário à identificação do portador.

Nas certidões também devem constar as averbações e anotações, sob pena de responsabilidade civil e criminal, ressalvadas as hipóteses em que a intimidade da pessoa se sobreponha à publicidade, conforme já abordado.

Dessa forma, não se devem constar as causas ou motivos da perda do poder familiar, adoção, alteração de patronímico em virtude de divórcio dos pais, pessoa inscrita nos quadros de proteção a testemunhas etc.

As alterações que podem ser dadas à publicidade devem ser efetivadas diretamente na própria certidão, assim, caso haja averbação de reconhecimento de filho, o nome do pai deve ser lançado no campo apropriado, como se pai fosse desde a data do registro.

Interessante mencionar que, caso haja retificação de nomes, a alteração de grafia também deve ser lançada diretamente no campo a que diz respeito, na própria certidão, sob pena de responsabilidade civil e penal, contendo no campo das averbações/anotações a expressão "a presente certidão envolve elementos de averbação à margem do termo", nos termos do art. 21, parágrafo único da LRP.

As certidões podem ser lavradas de 3 (três) formas: em inteiro teor, em resumo ou em relatório, conforme quesitos e devidamente autenticada pelo oficial ou prepostos, não podendo ser retardada por mais de 5 (cinco) dias (art. 19 da Lei n. 6.015/73). No caso de recusa ou retardamento, o interessado poderá reclamar à autoridade competente, que aplicará, se for o caso, a pena disciplinar cabível. Como meio de prova para a verificação do retardamento, o oficial, logo que receber alguma petição neste sentido, fornecerá à parte uma nota de entrega devidamente autenticada (art. 20 e parágrafo único da LRP).

O formato padrão ou modelo único de emissão de certidões, conforme já estudado, foi estabelecido nos termos do Provimento n. 63/2017 do Conselho Nacional de Justiça, art. 1º, porém, partilhamos do posicionamento firmado pela

ARPEN-SP que autoriza o oficial a constar mais elementos do registro do que apenas os padrões estabelecidos pelos modelos do CNJ. Assim é a dicção do enunciado n. 30:

> "É possível acrescer no campo das observações/averbações da certidão outros elementos do registro que não estejam protegidos pelo sigilo (por exemplo, a profissão dos genitores no registro de nascimento, estado civil dos nubentes no registro de casamento), sempre que houver pedido do solicitante nesse sentido. Nesse caso, por não serem anotações nem averbações, não incide a cobrança dos emolumentos previstos no item 12 da Tabela V (Lei Estadual 11.331/2002)."

Apesar de no modelo único de certidão de nascimento constar somente o campo "filiação", o art. 4º do Provimento n. 63/2017, CNJ, determina que neste mesmo campo deverá conter as informações referentes à naturalidade e ao domicílio ou residência atual dos pais do registrando. Entendemos que a melhor interpretação a este dispositivo é que esta regra de constar o domicílio ou residência dos pais se aplica somente à primeira via da certidão de nascimento, ou seja, aquela expedida logo após a lavratura do registro, por dois motivos. O primeiro é que o artigo citado usa a expressão "registrando" e não "registrado"; o segundo argumento é que é impossível o oficial, ao expedir certidão de assento de nascimento lavrado há anos, décadas, saber se aquele domicílio ou residência ainda é o atual dos pais, já que o artigo também utiliza a expressão "atual".

A certidão em inteiro teor é aquela que transcreve o assento do início ao fim, de forma idêntica ao livro, e pode ser extraída tanto por meio digitado ou reprográfico (art. 19, § 1º da LRP).

A nosso ver, com o advento do Provimento n. 63/2017 do Conselho Nacional de Justiça, instituiu-se uma exceção à regra de que a certidão em inteiro teor deve ser transcrita integralmente e em sua literalidade, visto que a "certidão de inteiro teor requerida pelo adotado deverá dispor sobre todo o conteúdo registral, mas dela não deverá constar a origem biológica, salvo por determinação judicial (art. 19, § 3º, c/c o art. 95, parágrafo único da Lei de Registros Públicos)." (art. 2º, § 1º). Destarte, embora a certidão seja emitida em inteiro teor, requerida pelo próprio adotado, dela não deverá constar a origem biológica, salvo por determinação judicial.

Ora, não podemos concordar com isso. Vejamos novamente o que diz o art. 2º, § 1º do Provimento n. 63 do Conselho Nacional de Justiça:

> "A certidão de inteiro teor requerida pelo adotado deverá dispor sobre todo o conteúdo registral, mas dela não deverá constar a origem biológica, salvo por determinação judicial (art. 19, § 3º, c/c o art. 95, parágrafo único, da Lei de Registros Públicos)."

Percebe-se que a parte final do dispositivo faz referência ao art. 19, § 3º da Lei de Registros Públicos, o qual transcrevemos abaixo:

> "Nas certidões de registro civil, não se mencionará a circunstância de ser legítima, ou não, a filiação, salvo a requerimento do próprio interessado, ou em virtude de determinação judicial."

Com efeito, o art. 2º, § 1º do provimento citado só fez menção a uma exceção, ou seja, de que constará todo o conteúdo registral, inclusive a origem biológica, se autorizado judicialmente, mas esqueceu de excepcionar também a hipótese de requerimento do próprio interessado.

Acreditamos que, nos termos do art. 19, § 3º da Lei n. 6.015/73, a certidão em inteiro teor solicitada pelo próprio registrado, ou seja, pelo adotado, deverá dispor de todo o conteúdo registral, inclusive a origem biológica, independentemente de autorização judicial, desde que o requerente tenha atingido a maioridade. Neste sentido é a previsão normativa do Estado de São Paulo, no subitem 47.2.1, capítulo XVII, Tomo II, NSCGJ-SP.

O art. 48 do Estatuto da Criança e do Adolescente também nos informa que é direito do adotado "conhecer sua origem biológica, bem como de obter acesso irrestrito ao processo no qual a medida foi aplicada e seus eventuais incidentes, após completar 18 (dezoito) anos."

As certidões, em qualquer modalidade e formato, mencionarão, sempre, a data em que foi lavrado o assento e serão manuscritas ou datilografadas e, no caso de adoção de papéis impressos, os claros serão preenchidos também em manuscrito ou datilografados (art. 19, § 2º da Lei n. 6.015/73). Em interpretação progressista, é possível e até recomendado que as certidões sejam expedidas mediante impressão e fornecidas em papel e escrita que permitam a sua reprodução por fotocópia, ou outro processo equivalente (art. 19, § 5º da Lei n. 6.015/73). Ademais, nas certidões de nascimento mencionarão a data em que foi feito o assento, a data, por extenso, do nascimento e, ainda, expressamente, a naturalidade. A alteração dada ao art. 19, § 4º da Lei de Registros Públicos ocorreu com o advento da Lei n. 13.484/2017, incluindo a naturalidade como requisito obrigatório a constar na certidão de nascimento.

As certidões em inteiro teor esbarram, muitas vezes, na intimidade do registrado, por isso a legislação exige que o pedido seja submetido à apreciação judicial.

Neste sentido a Lei n. 8.560/92, art. 6º, §§ 1º e 2º diz que nas certidões "não deverá constar, em qualquer caso, o estado civil dos pais e a natureza da filiação, bem como o lugar e cartório do casamento, proibida referência à presente lei", todavia "são ressalvadas autorizações ou requisições judiciais de certidões de inteiro teor, mediante decisão fundamentada, assegurados os direitos, as garantias e interesses relevantes do registrado."

Assim, ainda que conste elementos no registro cuja publicidade seja vedada, é possível a expedição de certidão em inteiro teor desde que autorizada judicialmente. No Estado de São Paulo, esta autorização é administrativa, cuja apreciação é realizada pelo juiz corregedor permanente.

Podemos sintetizar, em primeiro, que as certidões em inteiro teor requeridas pelos próprios interessados, seus representantes legais e mandatários serão expedidas independente de autorização judicial, transcrevendo-se a literalidade do assento. Em segundo, as certidões em inteiro teor requeridas por terceiros também devem ser expedidas, como regra, independente de autorização judicial, todavia, nas hipóteses de incidência dos artigos 45, 57, § 7º e 95 da Lei n. 6.015/73 e 6º da Lei n. 8.560/1992, ou qualquer elemento que evidencie ofensa à privacidade, intimidade ou dignidade, haverá necessidade de autorização judicial.

Ressalvamos e reiteramos a atenção ao disposto no art. 2º, § 1º do Provimento n. 63/2017 do Conselho Nacional de Justiça, o qual determina que o adotado que solicitar a certidão em inteiro teor de seu próprio nascimento não obterá a origem biológica da filiação, exceto se autorizado judicialmente. Conforme já dito, entendemos que se solicitado pelo próprio registrado, nos termos do art. 19, § 3º da Lei de Registros Públicos, deverá constar a origem da filiação, independentemente de autorização judicial.

13. Registro de Nascimento

A personalidade jurídica da pessoa natural se inicia com o nascimento com vida, razão pela qual o registro de nascimento é meramente declaratório, sobretudo, servindo como meio de prova.

A certidão de nascimento extraída do respectivo registro tem presunção relativa de veracidade (*juris tantum*), provando-se a filiação, avós, naturalidade, data, hora e local de nascimento e outros dados importantes que estudaremos quando tratarmos dos requisitos do registro.

A definição de nascimento com vida está presente no "Manual de Instruções para o preenchimento da Declaração de Nascido Vivo[1]" do Ministério da Saúde, em que nas páginas 25-26, diz que:

"Nascimento Vivo

É a expulsão ou extração completa do corpo da Mãe de um produto de concepção que, independentemente da duração da gravidez, depois da separação, respire ou apresente qualquer outro sinal de vida, tal como batimentos do coração, pulsações do cordão umbilical ou movimentos efetivos dos músculos de contração voluntária, estando ou não cortado o cordão umbilical e estando ou não desprendida a placenta. Cada produto de um nascimento que reúna essas condições se considera como uma criança viva."

---

[1] Disponível em: http://www.saude.ms.gov.br/wp-content/uploads/sites/88/2015/11/inst_dn.pdf

O art. 50 da Lei n. 6.015/73 determina que "todo nascimento que ocorrer no território nacional deverá ser dado a registro [...]". Com efeito, diante do nascimento, deverá este ser levado a registro, de modo que registrador se pautará pelas declarações médicas e do requerente e, se preenchido os demais requisitos legais, lavrar o assento de nascimento.

13.1. Requisitos do Registro de Nascimento

Ante os diversos requisitos a serem preenchidos para que se lavre o registro de nascimento, passaremos a analisá-los em tópicos distintos, por questões didáticas.

13.1.1. Tempo

Todo nascimento que ocorrer no território nacional deverá ser dado a registro dentro do prazo de quinze dias, que será ampliado em até três meses para os lugares distantes mais de trinta quilômetros da sede do cartório (art. 50 da Lei n. 6.015/73).

13.1.2. Registro de Nascimento Tardio

As declarações de nascimentos devem ser levadas a registro no prazo de quinze dias ou em até três meses, se o lugar em que tiver ocorrido o parto ou o lugar da residência dos pais distar mais de trinta quilômetros do cartório.

Se as declarações forem feitas após o decurso do prazo previsto no art. 50 da Lei n. 6.015/73, aplicar-se-á o Provimento n. 28 datado de 05 de fevereiro de 2013, oriundo do Conselho Nacional de Justiça, exceto o assento de nascimento de indígena, que continua regulamentado pela Resolução Conjunta n. 03, de 19 de abril de 2012, do

Conselho Nacional de Justiça e do Conselho Nacional do Ministério Público, e não afasta a aplicação do previsto no art. 102 da Lei n. 8.069/90.

O Provimento n. 28/2013 do CNJ fez três diferenciações, que são:

1) menor de 12 (doze) anos de idade, sem apresentação de Declaração de Nascido Vivo – DNV.

2) maior de 12 (doze) anos de idade, com ou sem apresentação de Declaração de Nascido Vivo – DNV.

3) menor de 12 (doze) anos de idade, apresentada pelo declarante a Declaração de Nascido Vivo - DNV instituída pela Lei nº 12.662, de 5 de junho de 2012, devidamente preenchida por profissional da saúde ou parteira tradicional (art. 7º).

Sendo menores de 12 (doze) anos de idade, não portando Declaração de Nascido Vivo (DNV) ou com 12 (doze) anos ou mais, será necessário requerimento por escrito, dirigido ao oficial de registro civil das pessoas naturais de residência do interessado, assinado por 2 (duas) testemunhas, que podem ser pessoas em qualquer grau de parentesco com o registrando, inclusive a parteira ou profissional da saúde que assistiu o parto. Nestes casos, em que os declarantes e testemunhas já firmaram o requerimento de registro, fica dispensada nova colheita de assinaturas no livro de registro de nascimentos (art. 10, parágrafo único, Provimento n. 28/2013, CNJ).

Vale ressaltar que, não tendo o interessado moradia ou residência fixa, será considerado competente o oficial de registro civil das pessoas naturais do local onde se encontrar (art. 2º, parágrafo único, Provimento n. 28/2013, CNJ).

Do requerimento deverá constar o dia, mês, ano e lugar do nascimento e a hora certa sempre que possível determiná-la, sexo, prenome e sobrenome, o fato de ser gêmeo, prenome e sobrenome dos pais, inclusive naturalidade, profissão e residência atual, prenome e sobrenome dos avós (que somente serão lançados se o parentesco decorrer de paternidade e maternidade reconhecidas).

Também deverá constar a atestação por 2 (duas) testemunhas entrevistadas pelo oficial de registro ou preposto expressamente autorizado, devidamente qualificadas, sob responsabilidade civil e criminal, da identidade do registrando, bem como do conhecimento de quaisquer dos outros fatos relatados pelo mesmo.

Por fim, a fotografia do registrando e, quando possível, sua impressão datiloscópica, obtidas por meio material ou informatizado, ficarão arquivadas na serventia para futura identificação, se surgir dúvida sobre a identidade do registrando.

O requerimento para que se inicie o procedimento administrativo poderá ser realizado mediante preenchimento de formulário fornecido pelo oficial que, inclusive, certificará a autenticidade das firmas do interessado ou do seu representante legal, bem como das testemunhas que forem lançadas em sua presença ou na presença de preposto autorizado. Se o interessado for analfabeto sem representação ou, por qualquer motivo, não puder assinar, será exigida a aposição de sua impressão digital no requerimento assinado a rogo na presença do oficial.

Não impedirá o registro, desde que fundamentada a impossibilidade de sua prestação, o fato de ser gêmeo, os prenomes e os sobrenomes, a naturalidade, a profissão dos pais e sua residência atual e a indicação dos prenomes e dos sobrenomes dos avós paternos e maternos.

Na hipótese de não ter a identificação da filiação, será adotado o sobrenome indicado pelo registrando, se puder se manifestar, ou pelo requerente do registro tardio.

Além destes requisitos já citados, se a declaração se referir à pessoa que já completou 12 (doze) anos de idade e não possua Declaração de Nascido Vivo (DNV), as duas testemunhas deverão assinar o requerimento na presença do oficial, que examinará seus documentos e certificará a autenticidade de suas assinaturas, entrevistando-as, bem como o registrando e, sendo o caso, seu representante legal, para verificar, nos termos do art. 4º do Provimento n. 28/2013 do Conselho Nacional de Justiça, se:

"a) se o registrando consegue se expressar no idioma nacional, como brasileiro;

b) se o registrando conhece razoavelmente a localidade declarada como de sua residência (ruas principais, prédios públicos, bairros, peculiaridades etc.);

c) quais as explicações de seu representante legal, se for caso de comparecimento deste, a respeito da não realização do registro no prazo devido;

d) se as testemunhas realmente conhecem o registrando, se dispõem de informações concretas e se têm idade compatível com a efetiva ciência dos fatos declarados no requerimento, preferindo-se as mais idosas do que ele;

e) quais escolas o registrando já frequentou; em que unidades de saúde busca atendimento médico quando precisa;

f) se o registrando tem irmãos e, se positivo, em que cartório eles estão registrados; se o registrando já se casou e, se positivo, em que cartório; se o registrando tem filhos e, se positivo, em que cartório estão registrados;

g) se o registrando já teve algum documento, como carteira de trabalho, título de eleitor, documento de identidade, certificado de batismo, solicitando, se possível, a apresentação desses documentos;"

O parágrafo único do artigo supracitado faz abrandamento do rigor normativo ao dizer que a ausência de alguma das informações previstas acima não impede o registro, desde que justificada a impossibilidade de sua prestação.

Cada entrevista será realizada em separado e o oficial reduzirá a termo as declarações colhidas, assinando juntamente com o entrevistado. Após as entrevistas, o oficial lavrará minuciosa certidão acerca dos elementos colhidos, decidindo fundamentadamente pelo registro ou pela suspeita.

É importante mencionar que o requerente pode apresentar ao oficial de registro os documentos que confirmem a identidade do registrando, se os tiver, os quais serão arquivados na serventia, em seus originais ou cópias, juntamente com o requerimento apresentado, os termos das entrevistas das testemunhas e as outras provas existentes.

Por fim, sendo o registrando menor de 12 (doze) anos de idade, ficará dispensado o requerimento escrito e o comparecimento das testemunhas, desde que seja apresentada pelo declarante a Declaração de Nascido Vivo – DNV, instituída pela Lei nº 12.662, de 5 de junho de 2012, devidamente preenchida por profissional da saúde ou parteira tradicional.

No registro de nascimento de criança com menos de 3 (três) anos de idade, nascida de parto sem assistência de profissional da saúde ou parteira tradicional, a Declaração de Nascido Vivo será preenchida pelo oficial de registro civil que lavrar o assento de nascimento e será assinada também pelo declarante, o qual se declarará ciente de que o ato será comunicado ao Ministério Público. Com efeito, o oficial, nos cinco dias após o registro do nascimento ocorrido fora de maternidade ou estabelecimento hospitalar, fornecerá ao Ministério Público da Comarca os dados da criança, dos pais e o endereço onde ocorreu o nascimento.

Nas hipóteses em que for apresentada a Declaração de Nascido Vivo (DNV), a maternidade será lançada no registro de nascimento de acordo com o documento apresentado. O estabelecimento da filiação também poderá ser feito por meio de reconhecimento espontâneo dos genitores, nos termos do artigo 1.609, I do Código Civil, independentemente do estado civil dos pais.

Caso já tenha ocorrido o registro de nascimento tardio sem o reconhecimento da filiação, ainda assim poderá ser aplicado o Provimento n. 16/2013 editado pelo Conselho Nacional de Justiça. Este provimento dispõe sobre a recepção pelos oficiais de registro, de indicações de supostos pais de pessoas que já se acharem registradas sem paternidade estabelecida, bem como sobre o reconhecimento espontâneo de filhos perante os referidos registradores.

Nos termos do art. 9º, §§ 3º e 4º do Provimento n. 28/2013, CNJ, a paternidade ou maternidade também poderão ser lançadas no registro de nascimento por força da presunção estabelecida no art. 1.597 do Código Civil, mediante apresentação de certidão do casamento com data de expedição posterior ao nascimento, mas se o genitor que comparecer para o registro afirmar que estava separado de fato de seu cônjuge ao tempo da concepção, não se aplica a presunção.

Com efeito, presumem-se concebidos na constância do casamento os filhos (art. 1.597, CC):

"I - nascidos cento e oitenta dias, pelo menos, depois de estabelecida a convivência conjugal;

II - nascidos nos trezentos dias subsequentes à dissolução da sociedade conjugal, por morte, separação judicial, nulidade e anulação do casamento;

III - havidos por fecundação artificial homóloga, mesmo que falecido o marido;

IV - havidos, a qualquer tempo, quando se tratar de embriões excedentários, decorrentes de concepção artificial homóloga;

V - havidos por inseminação artificial heteróloga, desde que tenha prévia autorização do marido."

Se for apresentada a certidão de casamento com data de expedição posterior ao nascimento, deverá ser aplicada a presunção de paternidade, desde que se encaixe nas hipóteses do art. 1.597 do Código Civil, especialmente os incisos I e II, e que o genitor, se comparecer para o registro, não afirme que estava separado de fato de seu cônjuge ao tempo da concepção. Contudo, o estabelecimento da filiação não é imprescindível para que se lavre o registro de nascimento tardio, pois, ainda que não haja elementos para se estabelecer ao menos um dos genitores, o registro deverá ser lavrado sem a indicação de filiação.

Se o oficial de registro suspeitar da falsidade da declaração, em qualquer caso, seja de menores ou maiores de 12 anos, com ou sem a apresentação da Declaração de Nascido Vivo (DNV), poderá exigir provas suficientes. A suspeita do oficial poderá ser relativa à identidade do registrando, à sua nacionalidade, à sua idade, à veracidade da declaração de residência, ao fato de ser realmente conhecido pelas testemunhas, à identidade ou sinceridade destas, à existência de registro de nascimento já lavrado, ou a quaisquer outros aspectos concernentes à pretensão formulada ou à pessoa do interessado.

As provas exigidas pelo oficial serão especificadas em certidão própria, da qual constará se foram ou não apresentadas. Com relação às provas documentais, ou redutíveis a termos, ficarão anexadas ao requerimento (art. 11, §§ 2º e 3º, Provimento n. 28/2013, CNJ).

Persistindo a suspeita, o oficial registrador encaminhará os autos ao juiz corregedor permanente ou ao juiz competente na forma da organização local. Sendo infundada a dúvida o juiz ordenará a realização do registro; caso contrário, exigirá justificação ou outra prova idônea, sem prejuízo de ordenar, conforme o caso, as providências penais cabíveis.

O Ministério Público também é legitimado para requerer o registro de nascimento tardio diretamente ao oficial de registro civil, nos casos em que o registrando for pessoa incapaz internada em hospital psiquiátrico, hospital de custódia e tratamento psiquiátrico (HCTP), instituição de longa permanência (ILPI), hospital de retaguarda ou instituições afins. Deverá fornecer os elementos previstos no art. 3º do Provimento n. 28/2013, CNJ, no que couber, ou seja, sinteticamente, o dia, mês, ano e lugar do nascimento e a hora, o sexo do registrando, seu prenome e sobrenome, o fato de ser gêmeo, os prenomes e os sobrenomes, a naturalidade, a profissão dos pais e sua residência atual, indicação dos prenomes e os sobrenomes dos avós paternos e maternos, fotografia do registrando e, quando possível, sua impressão datiloscópica (art. 13, Provimento n. 28/2013, CNJ).

O Ministério Público instruirá o requerimento com cópias dos documentos que possam auxiliar a qualificação do registrando, tais como o prontuário médico, indicação de testemunhas, documentos de pais, irmãos ou familiares. Quando ignorada a data de nascimento do registrando, a sua idade aparente poderá ser atestada por médico.

Quando a lavratura do registro tardio for solicitado pelo Ministério Público, deverá constar anotação à margem do assento de que se trata de registro tardio realizado na forma do art. 13 do Provimento n. 28/2013, sem, contudo, constar referência a este fato nas certidões de nascimento que forem expedidas, exceto nas de inteiro teor.

O Ministério Público também é legitimado a solicitar o registro tardio de nascimento atuando como assistente ou substituto em favor de pessoa tutelada pelo Estatuto do Idoso e em favor de incapaz submetido à interdição provisória ou definitiva, quando omisso o curador.

Lavrado o assento no respectivo livro, também haverá anotação no requerimento, com indicação de livro, folha, número de registro e data do assento, que será arquivado em pasta própria, juntamente com os termos de declarações colhidas e as demais provas apresentadas (art. 15, Provimento n. 28/2013, CNJ). Essa remissão no requerimento é fundamental para facilitar a localização futura à que se refere.

O oficial fornecerá ao Ministério Público, ao Instituto Nacional do Seguro Social - INSS e à Autoridade Policial informações sobre os documentos apresentados para o registro e sobre os dados de qualificação das testemunhas quando for solicitado em decorrência da suspeita de fraude ou de duplicidade de registros, sem prejuízo de fornecimento de certidão nos demais casos previstos em lei.

Ademais, o oficial, suspeitando de fraude ou constatando a duplicidade de registros depois da lavratura do registro tardio de nascimento, comunicará o fato ao juiz corregedor permanente ou ao juiz competente na forma da organização local, que, após ouvir o Ministério Público, adotará as providências que forem cabíveis.

Por fim, o Provimento n. 28/2013 do Conselho Nacional de Justiça consagrou a solução para a indesejável hipótese de duplicidade de registros. Neste caso, o cancelamento do registro tardio por duplicidade de assentos poderá ser promovido de ofício pelo juiz corregedor permanente ou a requerimento do Ministério Público ou de qualquer interessado, dando-se ciência ao atingido. Portanto, o oficial não poderá cancelar o assento de ofício, mas poderá, por ser interessado, requerer de ofício ao juiz corregedor permanente para que se pronuncie com as medidas cabíveis.

Mas afinal, cancela-se o primeiro registro ou o posterior? A resposta está no art. 16 do provimento citado, de modo que "constatada a duplicidade de assentos de nascimento para a mesma pessoa, decorrente do registro tardio, será cancelado o assento de nascimento lavrado em segundo lugar, com transposição, para o assento anterior, das anotações e averbações que não forem incompatíveis." Portanto, cancela-se o assento lavrado por último.

O § 2º do art. 16 do Provimento n. 28/2013, CNJ, determina que "havendo cancelamento de registro tardio por duplicidade de assentos de nascimento, será promovida a retificação de eventuais outros assentos do registro civil das pessoas naturais abertos com fundamento no registro cancelado, para que passem a identificar corretamente a pessoa a que se referem." Vislumbramos que os assentos posteriores, por exemplo, de filhos ou netos, que constarem elementos que foram transportados do registro de nascimento tardio, ora cancelado, deverão ser retificados para que passem a identificar corretamente a pessoa a que se referem, baseando-se no primeiro registro de nascimento.

13.1.3. Território

Por força do princípio da territorialidade, obrigatoriamente o registro de nascimento deve ser lavrado no lugar em que tiver ocorrido o parto ou residência dos pais, todavia, as declarações de nascimento após o decurso do prazo legal somente serão registradas no lugar de residência do interessado (arts. 50 e 46 da Lei n. 6.015/74). Por interessado, leia-se, o declarante do assento de nascimento.

Com relação ao registro de nascimento tardio do interessado que não tenha moradia ou residência fixa, conforme já estudado, o Provimento n. 28/2013 do Conselho Nacional de Justiça, parágrafo único do art. 2º, diz que: "não tendo o interessado moradia ou residência fixa, será considerado competente o Oficial de Registro Civil das Pessoas Naturais do local onde se encontrar."

Quando for diverso o lugar de residência dos pais, por força do princípio da igualdade, em que homens e mulheres são iguais em direitos e obrigações (art. 5º, I, Constituição Federal), o registro de nascimento pode ser lavrado em qualquer domicílio, seja do pai ou da mãe, sendo dos oficiais de ambas as localidades a atribuição territorial.

Quando se tratar de óbito de criança menor de 1 (um) ano de idade sem registro de nascimento, o oficial do local do óbito deverá proceder previamente ao registro de nascimento, em exceção à regra estipulada no art. 50 da LRP (art. 77, § 1º, LRP). Com efeito, o oficial do local do óbito passará a ter atribuição territorial para também lavrar o assento de nascimento, desde que se trate de criança menor de 1 (um) ano.

A própria Lei de Registros Públicos no art. 65 excepciona a regra, novamente, de que a competência para a lavratura do assento de nascimento é do oficial do local onde ocorreu o parto ou de residência dos pais, tendo em vista que os nascimentos dados em navio brasileiro mercante ou de guerra, após o procedimento legal, desconhecendo-se o lugar de residência dos pais ou se não for possível descobri-lo, serão lavrados no 1º Ofício do Distrito Federal.

Outra exceção está no parágrafo único do artigo acima citado, vez que "os nascimentos ocorridos a bordo de quaisquer aeronaves, ou de navio estrangeiro, poderão ser dados a registro pelos pais brasileiros no cartório ou consulado do local do desembarque."

Por fim, se os registros de nascimentos não tiverem sido lavrados no 1º Ofício do Distrito Federal no caso de navio brasileiro mercante ou de guerra, bem como no cartório ou consulado do local de desembarque de aeronaves, então deverão ser declarados dentro de cinco (5) dias, a contar da chegada do navio ou aeronave ao local do destino, no respectivo cartório ou consulado (art. 51 da Lei n. 6.015/73).

13.1.4. Declarante do Registro

Declarante do registro é a pessoa com legitimidade que se dirige ao cartório de registro civil para requerer que se lavre o registro de nascimento.

Segundo o art. 52 da LRP, são legitimados a declarar o assento de nascimento:

"1º) o pai ou a mãe, isoladamente ou em conjunto, observado o disposto no § 2º do art. 54;

2º) no caso de falta ou de impedimento de um dos indicados no item 1º, outro indicado, que terá o prazo para declaração prorrogado por 45 (quarenta e cinco) dias;

3º) no impedimento de ambos, o parente mais próximo, sendo maior achando-se presente;

4º) em falta ou impedimento do parente referido no número anterior os administradores de hospitais ou os médicos e parteiras, que tiverem assistido o parto;

5º) pessoa idônea da casa em que ocorrer, sendo fora da residência da mãe;

6º) finalmente, as pessoas encarregadas da guarda do menor."

Pela interpretação literal deste artigo, podemos concluir que a ordem é sucessiva, pois utiliza expressões "no caso de falta ou impedimento", "no impedimento de ambos", "em falta ou impedimento".

Todavia, há normas administrativas relativizando o rigor da lei, como é o caso do subitem 31.1, cap. XVII, Tomo II das NSCGJ-SP, que diz "havendo a apresentação da Declaração de Nascido Vivo (DN), a obrigação de declarar o nascimento poderá ser feita por qualquer dos legitimados indicados no art. 52 da Lei 6.015/73."

Feito o comparecimento do declarante e identificado por um documento oficial ou, se não puder identificar-se por documento, com a participação de duas testemunhas que conheçam e atestem sua identidade (art. 215, § 5º do Código Civil) e, após a averiguação da legitimidade, será então analisada sua capacidade.

Presumem-se capazes todos os maiores de 18 (dezoito) anos. Mas poderiam os pais relativamente ou absolutamente incapazes serem declarantes de registro de nascimento?

É preciso diferenciar quem é o declarante, se o pai ou a mãe.

Com relação ao pai absolutamente incapaz, este não poderá proceder a declaração do registro de nascimento, uma vez que se trata de ato personalíssimo, que não admite representação. Portanto, para o reconhecimento da paternidade só restará a via judicial.

Conforme dito por Mario de Carvalho Camargo Neto e Marcelo Salaroli de Oliveira:

"Isto foi reconhecido nos Provimentos 12 e 26 da Corregedoria Nacional da Justiça do CNJ, com a mesma redação em seus respectivos artigos 5º, § 2º: '[...] O reconhecimento da paternidade pelo absolutamente incapaz dependerá de decisão judicial, a qual poderá ser proferida na esfera administrativa, pelo próprio juiz que tomar a declaração do representante legal'" (2014, I, p. 147).

De fato, o Provimento n. 12, datado de 06 de agosto de 2010, editado pelo Conselho Nacional de Justiça, em seu art. 5, § 2º, diz que:

"[...] O reconhecimento da paternidade pelo absolutamente incapaz dependerá de decisão judicial, a qual poderá ser proferida na esfera administrativa pelo próprio juiz que tomar a declaração do representante legal."

Neste sentido é o subitem 42.2, capítulo XVII, Tomo II das Normas de Serviço da Corregedoria Geral da Justiça de São Paulo, afirmando que "o reconhecimento da paternidade por absolutamente incapaz somente poderá ser efetivado por decisão judicial."

Por outro lado, se o pai for relativamente incapaz, poderá reconhecer o filho independentemente de assistência nos termos do mesmo Provimento n. 12/2010, art. 5º, § 2º, primeira parte, do CNJ, que diz "o reconhecimento da paternidade pelo pai relativamente incapaz independerá da assistência de seus pais ou tutor [...]." Este posicionamento foi repetido nos Provimentos n. 16 e 26 do Conselho Nacional de Justiça.

Poderá ser efetuado o registro de reconhecimento espontâneo do filho pelo relativamente incapaz sem assistência de seus pais, tutor, curador ou apoiador (subitem 42.1, capítulo XVII, Tomo II, NSCGJ-SP).

Esta regra já foi muito debatida no meio registral e o fundamento primordial encontra-se no art. 1.860, parágrafo único do Código Civil, em que podem testar os maiores de dezesseis anos e filhos podem ser reconhecidos por testamento (art. 1.609, III, do mesmo diploma). A dúvida retórica que pairava era: se com dezesseis anos é possível fazer testamento e reconhecer filho, por que não poderia declarar o registro de nascimento de seu filho? Hodiernamente o assunto é pacífico, relativamente incapaz pode declarar e reconhecer a filiação diretamente perante o oficial do registro civil das pessoas naturais.

No tocante ao reconhecimento da maternidade, esta é sempre certa, conforme o brocardo *mater semper caerta est*. Razão pela qual a mãe é identificada logo na Declaração de Nascido Vivo (DNV) ou por duas testemunhas.

Com efeito, não é necessária a análise da capacidade da mãe. Com didática, Mario de Carvalho Camargo Neto e Marcelo Salaroli de Oliveira resumem que:

"[...] a maternidade decorre da gravidez e do parto, fatos naturais que são testemunhados na forma exposta, não dependendo o estabelecimento da maternidade de prática de um ato jurídico de reconhecimento, não precisando a mãe participar do ato do registro e não sendo relevante a capacidade desta, ou seja, mesmo que a mãe seja absolutamente incapaz ou esteja ausente no ato do registro, não se impõe qualquer outra formalidade para inclusão da maternidade no assento, apenas a regular declaração do nascimento [...]" (2014, I, p. 141).

As normas administrativas do Estado de São Paulo, confirmando o acima exposto, mencionam que "sendo a genitora absolutamente incapaz, o registro será feito mediante a apresentação da Declaração de Nascido Vivo (DN) ou declaração médica que confirme a maternidade, com firma reconhecida." (subitem 42.3, capítulo XVII, Tomo II, NSCGJ-SP).

Podemos concluir que, sendo a genitora absolutamente incapaz, poderá o pai relativamente incapaz comparecer ao cartório de registro civil portando a Declaração de Nascido Vivo e declarar o registro de nascimento.

A maioria, senão a totalidade dos nascimentos, ocorre com assistência médica, razão pela qual a Declaração de Nascido Vivo (DNV) é emitida pelo profissional da saúde (art. 3º, § 1º da Lei n. 12.662/2012), todavia, o art. 52, § 1º da Lei de Registros Públicos prevê hipótese de pouca utilidade prática nos tempos atuais, uma vez que, se o oficial tiver motivo para duvidar da declaração, poderá ir à casa do recém-nascido verificar a sua existência ou exigir a atestação do médico ou parteira que tiver assistido o parto ou o testemunho de duas pessoas que não forem os pais e tiverem visto o recém-nascido.

Esta declaração a que se refere a Lei de Registros Públicos, no art. 52, § 1º, por óbvio, é a declaração efetuada pela pessoa legitimada diretamente em cartório. Não se refere a Declaração de Nascido Vivo (DNV), até porque o artigo é texto original da Lei n. 6.015, datada de 1.973. Com efeito, o oficial não possui elementos para questionar a declaração emitida pelo profissional da saúde, exceto, é claro, se tiver indícios de adulteração ou semelhantes.

13.1.5. Erros na Declaração de Nascido Vivo (DNV)

É possível que a Declaração de Nascido Vivo contenha erros ou divergências com a declaração manifestada pelo declarante do registro de nascimento. Para solucionar algumas divergências, a LRP, no art. 54, § 1º e incisos, preleciona que:

"Não constituem motivo para recusa, devolução ou solicitação de retificação da Declaração de Nascido Vivo por parte do Registrador Civil das Pessoas Naturais:

I - equívocos ou divergências que não comprometam a identificação da mãe;

II - omissão do nome do recém-nascido ou do nome do pai;

III - divergência parcial ou total entre o nome do recém-nascido constante da declaração e o escolhido em manifestação perante o registrador no momento do registro de nascimento, prevalecendo este último;

IV - divergência parcial ou total entre o nome do pai constante da declaração e o verificado pelo registrador nos termos da legislação civil, prevalecendo este último;

V - demais equívocos, omissões ou divergências que não comprometam informações relevantes para o registro de nascimento."

O inciso V supracitado é uma norma genérica, casuística, e entendemos que deve ser interpretada da seguinte forma: quando o equívoco, omissão ou divergência for em relação a lacunas puramente declaratórias na DNV, não há necessidade de devolução ou retificação.

Assim, por exemplo, temos que o nome da mãe na DNV consta o de solteira, todavia, no momento do registro foi apresentado documento oficial (certidão de casamento), com data de registro anterior ao nascimento. Nesse caso, são informações declaratórias pela parte, que podem ser corrigidas mediante apresentação de documentos oficiais.

Idêntica interpretação se faz quando houver pequenos erros de grafia, por exemplo, sobrenomes com uma letra "L" enquanto, na verdade, deveriam ser duas letras "L"; idem na troca entre "S" e "Z" e vice-versa.

De forma contrária, entendemos que, se os erros forem em dados médicos, por exemplo, data do nascimento, hora, local, nome da mãe (ressalvado simples erros de grafia que não comprometam a identidade da genitora) etc., então a Declaração de Nascido Vivo (DNV) deverá ser retificada.

Podemos sintetizar que meros equívocos, omissões ou divergências que não comprometam a identificação da mãe ou informações relevantes para o registro de nascimento não constituem motivo para recusa, devolução ou solicitação de retificação por parte do oficial registrador. Em contrapartida, se o erro comprometer a identificação da mãe ou outras informações relevantes, deverá ser devolvida a DNV e solicitada a retificação.

Conforme já mencionado, simples erros, como o nome de solteira da mãe onde deveria constar o de casada ou o contrário, singelos erros de grafia, endereço declarado perante o oficial ser diferente do constante na Declaração de Nascido Vivo, não constituem qualquer motivo para a recusa da DNV.

Por expressa previsão legal, o nome do pai constante na declaração médica não induz paternidade, devendo esta decorrer de presunção legal ou de seu comparecimento no ato do registro. Assim dispõe o art. 54, § 2º da Lei n. 6.015/73: "o nome do pai constante da Declaração de Nascido Vivo não constitui prova ou presunção da paternidade, somente podendo ser lançado no registro de nascimento quando verificado nos termos da legislação civil vigente."

A omissão do nome do recém-nascido ou do nome do pai, ou a divergência entre esses nomes constantes na Declaração de Nascido Vivo e a manifestação perante o oficial registrador, não constitui motivo para devolução ou retificação da DNV, vez que prevalecerá a manifestação realizada no momento do registro de nascimento.

13.1.6. Nome do Registrando

O nome do registrando será indicado pelo declarante. Caso haja mais de um declarante, a exemplo dos pais comparecem conjuntamente, se houver divergência, caberá ao juiz competente solucionar o conflito (art. 1.631, parágrafo único do Código Civil).

O oficial registrador deve prezar para que o declarante indique o prenome e o sobrenome, de preferência de ambos os pais, a fim de se evitar possíveis homonímias. Caso o declarante não indique o nome completo, o oficial lançará o sobrenome do pai e na falta, o da mãe, nos termos do art. 55 da LRP. Todavia, ousamos discordar dessa norma simplista, por não estar amparada pela atual Constituição, visto que homens e mulheres possuem direitos iguais, razão pela qual, em tese, o oficial lançará o nome do pai e da mãe conjuntamente, e não o nome da mãe de forma subsidiária como a norma indica. Dessa forma, entendemos que o melhor a ser feito, caso o declarante não indique o sobrenome, será perguntá-lo qual será o sobrenome escolhido, esclarecendo ao declarante os benefícios da indicação dos sobrenomes, tanto paterno quanto materno, para facilitar a identificação do registrando futuramente, divergindo de homônimos.

É interessante mencionar que a escolha dos sobrenomes é livre, mas limitados aos sobrenomes ancestrais, podendo se adotar, inclusive, sobrenomes dos avós, ainda que os pais não o possuam, isto porque o sobrenome indica a linhagem familiar.

Portanto, não deve ser lançado sobrenomes estranhos à origem familiar, todavia, não se deve impor limitação às gerações, ou seja, caso o sobrenome a ser lançado é do trisavô do registrando, será perfeitamente possível incluir este sobrenome no registro de nascimento, desde que provado mediante apresentação de documentos oficiais.

Concernente ao prenome, o oficial deverá recusar se for expor o registrando ao ridículo. Trata-se de uma linha muito tênue que deve ser analisada com cuidado pelo registrador. Caso o oficial entenda que o prenome exponha ao ridículo e os pais não se conformarem, a celeuma deve ser submetida à apreciação judicial, independente da cobrança de emolumentos (art. 55, parágrafo único da Lei n. 6.015/73).

O agnome é o elemento diferenciador de nomes idênticos dentro de uma mesma família, por exemplo, Júnior, Filho, Neto, Sobrinho, Primo etc. Só devem ser lançados em casos de nomes iguais. Assim, é proibido que se coloque o prenome de "Júnior" ou "Neto" ou em nomes que não sejam idênticos àqueles a que se referem, por exemplo, o nome do avô é diferente do neto, e mesmo assim os pais desejam colocar o agnome "Neto".

Por fim, o prenome pode ser simples ou composto, cabendo aos legitimados livre escolha, porém, o art. 63 da Lei n. 6.015/73 traz exceção a esta regra, uma vez que no caso de gêmeos com prenomes idênticos, deverão ser lançados nos registros duplo prenome (prenome composto) ou nome completo diverso, de modo que possam distinguir-se.

13.1.7. Requisitos do Assento de Nascimento

Os requisitos que devem constar no registro de nascimento estão elencados em 11 números, previstos no art. 54 da Lei n. 6.015/73, e o 12º está previsto no Provimento n.

63/2017, CNJ, os quais estudaremos item por item, conforme segue.

"1º) o dia, mês, ano e lugar do nascimento e a hora certa, sendo possível determiná-la, ou aproximada."

Estes dados são extraídos da declaração expedida por profissional da saúde, intitulada de Declaração de Nascido Vivo (DNV), não podendo o registrador constar elementos diferentes, ainda que o declarante informe divergência. Neste caso, por envolverem informações de cunho estritamente médicas ou relacionadas à saúde, deve ser devolvida a DNV para retificação.

"2º) o sexo do registrando."

Idem ao tópico anterior. Por ser elemento de definição estritamente médica, deve o registrador se ater à DNV e, caso o declarante relate equívoco, divergência ou omissão, deverá ser devolvida para retificação.

"3º) o fato de ser gêmeo, quando assim tiver acontecido."

Visa diferenciar um do outro, cada qual com seu registro, sendo vedado o registro conjunto. É raro, mas há relatos de serventias que em tempos remotos registraram irmãos em um mesmo termo.

Não deve conter no registro de nascimento o fato do registrando não ser gêmeo, ou seja, somente se fará menção o fato de ser gêmeo "quando assim tiver acontecido", não o contrário. Portanto, se o registrando não for gêmeo, este item não se fará presente no registro de nascimento.

No caso de gêmeos, será declarada no assento de cada um a ordem de nascimento (art. 63, primeira parte, LRP). Novamente, somente no caso de gêmeos se declarará no assento de cada um a ordem de filiação. Em outro viés, se o pai for registrar o nascimento de dois filhos na mesma ocasião, mas que não são gêmeos, não se fará menção à ordem de filiação.

"4º) o nome e o prenome, que forem postos à criança."

Remetemos o leitor às minúcias já abordadas anteriormente no subcapítulo intitulado de "Nome do Registrando".

"5º) a declaração de que nasceu morta, ou morreu no ato ou logo depois do parto."

Este item não deve constar do registro de nascimento por incompatibilidade com o ordenamento jurídico em interpretação sistemática. Isto se deve ao fato de que se o registrando nasceu morto, trata-se de natimorto, cujo assento será registrado no livro "C Auxiliar". Se morreu no ato ou logo depois do parto, será registrado no livro "C", o qual será anotado à margem do assento de nascimento, com remissões recíprocas.

"6º) a ordem de filiação de outros irmãos do mesmo prenome que existirem ou tiverem existido."

Este item afronta a atual ordem constitucional que veda em seu art. 227, § 6º quaisquer designações discriminatórias relativas à filiação, conforme segue: "os filhos, havidos ou não da relação do casamento, ou por adoção, terão os mesmos direitos e qualificações, proibidas quaisquer designações discriminatórias relativas à filiação."

Ademais, pode-se entender que foi revogado tacitamente pela Lei n. 8.560/92, que em seu art. 5º dispõe que não haverá no registro de nascimento qualquer referência à natureza da filiação, à sua ordem em relação aos demais irmãos do mesmo prenome, exceto gêmeos.

"7º) Os nomes e prenomes, a naturalidade, a profissão dos pais, o lugar e cartório onde se casaram, a idade da genitora, do registrando em anos completos, na ocasião do parto, e o domicílio ou a residência do casal."

Outro item, em parte, flagrantemente inconstitucional, visto que o lugar e cartório onde os pais se casaram ofende, mais uma vez, o art. 227, § 6º da Constituição Federal, que veda quaisquer designações discriminatórias relativas à filiação. Pois caso constasse no assento de nascimento o lugar e o cartório onde os pais se casaram, poderia ser feito distinções entre filiações legítimas e ilegítimas, o que é terminantemente vedado.

O art. 5º da Lei n. 8.560/92, parte final, também revogou tacitamente este item, vez que "no registro de nascimento não se fará qualquer referência [...] ao lugar e cartório do casamento dos pais e ao estado civil destes."

Portanto, no tocante a este item, deverá constar no assento de nascimento os nomes e prenomes, a naturalidade, a profissão dos pais, a idade da genitora do registrando em anos completos, na ocasião do parto e o domicílio ou a residência do casal.

"8º) os nomes e prenomes dos avós paternos e maternos."

A inclusão dos prenomes e sobrenomes dos avós paternos e maternos preserva a origem familiar e pode ser utilizado, ainda que raramente, para afastar homonímias.

"9º) os nomes e prenomes, a profissão e a residência das duas testemunhas do assento, quando se tratar de parto ocorrido sem assistência médica em residência ou fora de unidade hospitalar ou casa de saúde."

Este item é subsidiário, vez que somente haverá a necessidade de duas testemunhas quando se tratar de parto ocorrido sem assistência médica em residência ou fora de unidade hospitalar ou casa de saúde. Isso se deve ao fato de que se o parto se deu com acompanhamento de profissional da saúde, será emitida Declaração de Nascido Vivo (DNV), caso em que será dispensado o comparecimento de testemunhas.

"10) o número de identificação da Declaração de Nascido Vivo, com controle do dígito verificador, exceto na hipótese de registro tardio previsto no art. 46 desta Lei."

Toda Declaração de Nascido Vivo (DNV) possui uma numeração com dígito verificador, sendo imprescindível que conste no assento de nascimento e na certidão respectiva, por expressa previsão no art. 5º do Provimento n. 63/2017 do Conselho Nacional de Justiça.

Com relação ao registro de nascimento tardio, fica dispensada a inclusão do número da Declaração de Nascido Vivo, pois, como regra, trata-se de pessoas nascidas anteriormente à obrigação de expedição de DNV ou que por qualquer motivo não tiveram acesso a profissionais da saúde. Contudo, se for apresentada a DNV por ocasião da solicitação de início do procedimento de registro de nascimento tardio e, ao término, for emitida qualificação positiva pelo oficial, permitindo a lavratura do assento de nascimento, deverá a numeração da DNV constar do assento e das certidões respectivas.

"11) a naturalidade do registrando."

A naturalidade do registrando se tornou requisito obrigatório a se constar no assento de nascimento por força da inclusão feita na Lei de Registros Públicos pela Lei n. 13.484/2017. A naturalidade também deverá constar nas certidões de nascimento, conforme disciplinado pelo art. 3º e 4º do Provimento n. 63/2017 do Conselho Nacional de Justiça.

A naturalidade poderá ser do município em que ocorreu o nascimento ou do município de residência da mãe do registrando na data do nascimento, desde que localizado em território nacional, e a opção caberá ao declarante no ato de registro do nascimento (art. 54, § 4º da Lei n. 6.015/73). Ocorrendo o nascimento no mesmo município de residência da mãe, não restará qualquer opção ou escolha de naturalidade.

Suponhamos que os pais residam em municípios diversos, bem como o nascimento ocorra em outro terceiro município, a naturalidade, segundo a lei, será optativa somente entre o município em que ocorreu o nascimento ou o município de residência da mãe. Entretanto, em uma visão sistemática do ordenamento jurídico, nos parece que possa optar também como sendo a naturalidade do registrando o município de residência do pai, por força do princípio constitucional da isonomia.

"12) Inclusão do número do Cadastro de Pessoa Física (CPF)."

O oficial deve cadastrar o registrando na base de dados da Receita Federal do Brasil (RFB) antes de proceder ao registro de nascimento, devendo constar o número gerado tanto no assento de nascimento quando na certidão respectiva.

Se o sistema para a emissão do CPF estiver indisponível, o registro não será obstado, devendo o oficial averbar, sem ônus, o número do CPF quando do reestabelecimento do sistema (art. 6º, § 1º, Provimento n. 63/2017, CNJ).

13.1.8. Indicação de Suposto Pai

É facultado a mãe, no momento do registro, indicar o suposto pai, exceto quando o pai comparecer e reconhecer espontaneamente ou incidir presunção legal de paternidade.

O art. 2º da Lei n. 8.560/92 prevê essa faculdade à mãe, não tendo como o oficial proceder de ofício. De qualquer forma, é de bom alvitre que o oficial abra um classificador próprio para arquivar as recusas no fornecimento de indicação de suposto pai pela mãe declarante. Por outro lado, se assim a mãe desejar, o oficial remeterá ao juiz, em procedimento administrativo isento de emolumentos, certidão integral do registro e o nome e prenome, profissão, identidade e residência do suposto pai, a fim de ser averiguada oficiosamente a procedência da alegação.

O juiz competente, sempre que possível, ouvirá a mãe sobre a paternidade e mandará notificar o suposto pai, independentemente do seu estado civil, para que se manifeste sobre a imputação da paternidade. A diligência deve correr em segredo de justiça, caso o juiz entenda ser necessário (art. 2º, § 2º da Lei n. 8.560/92).

A partir daí abre-se duas opções: o suposto pai confirma expressamente a paternidade, caso em que será lavrado termo de reconhecimento e remetido ao oficial para a averbação, ou o suposto pai não atende a notificação no prazo de 30 (trinta) dias ou nega a paternidade. Neste caso, o juiz remeterá os autos ao representante do Ministério Público para que intente, havendo elementos suficientes, a ação de investigação de paternidade.

O Ministério Público, ainda que haja elementos suficientes para a propositura da ação de investigação de paternidade, não a intentará se, após o não comparecimento ou a recusa do suposto pai em assumir a paternidade a ele atribuída, a criança for encaminhada para adoção.

A iniciativa conferida ao Ministério Público não impede a quem tenha legítimo interesse de intentar a ação de investigação, visando obter o pretendido reconhecimento da paternidade (art. 2º, § 6 da Lei n. 8.560/92).

Na ação de investigação de paternidade, todos os meios legais, bem como os moralmente legítimos, serão hábeis para provar a verdade dos fatos e a recusa do réu em se submeter ao exame de código genético (DNA) gerará a presunção da paternidade, a ser apreciada em conjunto com o contexto probatório (art. 2º-A e parágrafo único da Lei n. 8.560/92).

Retornando ao tema da indicação de suposto pai, o Provimento n. 16, datado de 17 de fevereiro de 2012, oriundo do Conselho Nacional de Justiça, é extremamente benéfico para ver reconhecido o direito à paternidade e por facilitar este reconhecimento pela via administrativa, ampliando as benesses do art. 2º da Lei n. 8.560/92 por prazo indefinido.

Com efeito, nos termos dos artigos 1º e 2º do referido provimento, em caso de menor que tenha sido registrado apenas com a maternidade estabelecida, sem obtenção, à época, do reconhecimento de paternidade pelo procedimento descrito no art. 2º da Lei nº 8.560/92, este deverá ser observado, a qualquer tempo, bastando que, durante a menoridade do filho, a mãe compareça perante Oficial de Registro Civil das Pessoas Naturais e aponte o suposto pai. Se o filho for maior de idade, igual direito lhe é assegurado, desde que também compareça perante o oficial.

Diante disso, o oficial providenciará o preenchimento do termo, do qual constarão os dados fornecidos pela mãe ou pelo filho maior, conforme o caso, e colherá a assinatura do requerente. O oficial também assinará o termo e zelará pela obtenção do maior número possível de elementos para identificação do genitor, especialmente nome, profissão (se conhecida) e endereço.

Para indicar o suposto pai, a pessoa interessada poderá, facultativamente, comparecer a Ofício de Registro de Pessoas Naturais diverso daquele em que realizado o registro de nascimento. Portanto, pode o requerente comparecer na serventia extrajudicial de seu domicílio, ainda que localizado em outro Estado da Federação, mas deverá ser apresentada obrigatoriamente a certidão original de nascimento do filho a ser reconhecido, anexando-se cópia ao termo.

Caso o requerente compareça no cartório em que foi lavrado o registro de nascimento do filho a ser reconhecido, neste caso, não necessitará portar a certidão de nascimento, de modo que o registrador expedirá nova certidão e a anexará ao termo (art. 3º, § 3º, Provimento 16/2012, CNJ).

Finalizado a parte administrativa interna da serventia, o oficial perante o qual houver comparecido a pessoa interessada, remeterá ao juiz corregedor permanente ou ao magistrado competente o termo o qual assinou o requerente e o próprio oficial, acompanhado da certidão de nascimento, em original ou cópia conferida com o original.

Na seara administrativa, o juiz competente mandará notificar o suposto pai, que poderá confirmar expressamente a paternidade, será lavrado termo de reconhecimento e remetida certidão ao oficial da serventia em que originalmente lavrou o registro de nascimento, para a devida averbação. Destarte, o termo de reconhecimento será enviado ao cartório em que está lavrado o registro de nascimento, não para o oficial que remeteu o requerimento à apreciação judicial.

Se o suposto pai não atender, no prazo de trinta dias, a notificação judicial, ou negar a alegada paternidade, o juiz remeterá os autos ao representante do Ministério Público ou da Defensoria Pública para que intente, havendo elementos suficientes, a ação de investigação de paternidade, com as ressalvas de que a iniciativa conferida ao Ministério Público ou Defensoria Pública não impede a quem tenha legítimo interesse de intentar investigação, visando obter o pretendido reconhecimento da paternidade.

13.1.9. Reconhecimento de Filiação Espontânea

É perfeitamente possível que tenha ocorrido registro de nascimento somente com a filiação materna estabelecida.

Não havendo indicação de suposto pai, tampouco, por consequência, qualquer procedimento administrativo de averiguação, é possível que o pai compareça ao cartório, espontaneamente, após o registro e reconheça o filho? A resposta é sim.

Nos termos dos arts. 6º e 7º e seus parágrafos do Provimento n. 16/2012 do CNJ, o reconhecimento espontâneo de filho poderá ser feito perante Oficial de Registro de Pessoas Naturais, a qualquer tempo, por escrito particular (não necessariamente escritura pública) ou termo, cujo preenchimento será providenciado pelo Oficial, o qual será assinado por ambos e arquivado em cartório. Este termo referido é o anexo II do provimento.

O interessado poderá, facultativamente, comparecer a Ofício de Registro de Pessoas Naturais diverso daquele em que lavrado o assento natalício do filho, apresentando cópia da certidão de nascimento deste ou informando em qual serventia foi realizado o respectivo registro e fornecendo dados para induvidosa identificação do registrado.

O Oficial perante o qual houver comparecido o interessado, remeterá ao registrador da serventia em que realizado o registro natalício do reconhecido o documento escrito e assinado em que consubstanciado o reconhecimento, com a qualificação completa da pessoa que reconheceu o filho e com a cópia, se apresentada, da certidão de nascimento. Também remeterá cópia do documento oficial de identificação do declarante (art. 8º, § 2º, Provimento 16/2012, CNJ).

O reconhecimento de filho por pessoa relativamente incapaz independerá de assistência de seus pais, tutor ou curador (art. 6°, § 4, Provimento n. 16/2012, CNJ). Esta previsão está de acordo com o provimento anterior, de número 12/2010, art. 5°, § 2°, também do Conselho Nacional de Justiça. No mesmo sentido são as normas administrativas do Estado de São Paulo (subitem 42.1, capítulo XVII, Tomo II, NSCGJ-SP).

A averbação do reconhecimento de filho será concretizada diretamente pelo oficial da serventia em que lavrado o assento de nascimento, independentemente de manifestação do Ministério Público ou decisão judicial, mas dependerá de anuência escrita do filho maior ou, se menor, da mãe (art. 7° do Provimento n. 16/2012). Esta regra está de acordo com o previsto no art. 3° da Lei n. 8.935/94, visto que os registradores são profissionais do direito aptos a exercerem suas atribuições com observância do ordenamento jurídico.

Na falta da mãe do menor, na impossibilidade de manifestação válida desta ou do filho maior, o caso será apresentado ao juiz competente. Igual procedimento deverá adotar o registrador sempre que suspeitar de fraude, falsidade ou má-fé, de modo que não praticará o ato pretendido e submeterá o caso ao magistrado, comunicando, por escrito, os motivos da suspeita.

13.1.10. Adoção

Podemos estudar a adoção sob 3 (três) vieses: do menor, do maior de idade e a adoção unilateral. Ficaremos restritos aos reflexos que a adoção tem no ramo do registro civil das pessoas naturais.

13.1.10.1. Adoção do Menor

É regida pela Lei n. 8.069/90, conhecido como Estatuto da Criança e do Adolescente, e os seus efeitos no registro civil das pessoas naturais tem principal fulcro no art. 47 e seu parágrafos.

Quando realizada a adoção de pessoa menor de idade, será expedido mandado judicial para que seja averbado o cancelamento do registro de nascimento originário e procedida a lavratura de novo registro de nascimento.

Poderá ser expedido 2 (dois) mandados judiciais, um para averbar o cancelamento do assento primitivo e outro para lavrar novo registro de nascimento. Esta situação ocorre comumente quando a averbação de cancelamento de assento e do novo registro se der em cartórios distintos.

É vedada a extração de certidões do mandado judicial que embasou a inscrição no registro civil e nenhuma observação sobre a origem do ato poderá constar nas segundas vias das certidões de nascimento, o que é perfeitamente constitucional, visto que a publicidade cede em alguns casos quando confrontada com o princípio da intimidade.

Com relação a expedição de certidões em inteiro teor, reiteramos o nosso posicionamento já esboçado em capítulo anterior, quando relacionado às certidões.

Em síntese, o § 1º do art. 2º do Provimento n. 63/2017 determina que:

> "A certidão de inteiro teor requerida pelo adotado deverá dispor sobre todo o conteúdo registral, mas dela não deverá constar a origem biológica, salvo por determinação judicial (art. 19, § 3º, c/c o art. 95, parágrafo único, da Lei de Registros Públicos)."

Entretanto, o art. 19 da Lei de Registros Públicos, citado na parte final do dispositivo acima, trata das formas de expedição de certidão, dentre elas a de inteiro teor, que em seu parágrafo terceiro nos informa que:

"Nas certidões de registro civil, não se mencionará a circunstância de ser legítima, ou não, a filiação, salvo a requerimento do próprio interessado, ou em virtude de determinação judicial."

Como dito, o próprio art. 2º, § 1º do provimento citado, na parte final, faz remissão ao art. 19, § 3º da Lei de Registros Públicos.

A melhor interpretação é fornecida pelas Normas do Estado de São Paulo, que no subitem 47.2.1, capítulo XVII, Tomo II reverbera que "as certidões de nascimento de inteiro teor de pessoa adotada somente serão expedidas mediante autorização judicial, salvo se, já atingida a maioridade, o pedido tiver sido formulado pelo próprio adotado ou por seu representante legal."

Reforçando este entendimento é o previsto no art. 48 do Estatuto da Criança e do Adolescente, uma vez que "o adotado tem direito de conhecer sua origem biológica, bem como de obter acesso irrestrito ao processo no qual a medida foi aplicada e seus eventuais incidentes, após completar 18 (dezoito) anos."

Por fim, a adoção de pessoa menor será inscrita no registro civil das pessoas naturais mediante mandado, e deste mandado não se fornecerá certidão (art. 47 da Lei n. 8.069/90), exceto por determinação judicial (art. 95, parágrafo único da Lei n. 6.015/73). Frise-se, neste parágrafo estamos falando de certidão do mandado, e não do registro de nascimento.

Feito o registro, será cancelado o assento de nascimento original do menor também mediante mandado (art. 96 da Lei n. 6.015/73 e subitem 117.2, capítulo XVII, Tomo II, NSCGJ-SP).

13.1.10.2. Adoção do Maior

É realizada mediante processo judicial do qual será expedido mandado para que seja averbado no registro de nascimento e casamento, se o caso, do adotando. Portanto, não será cancelado o registro de nascimento original, ao contrário da adoção do menor.

A adoção de pessoa maior de idade rompe os vínculos com a família biológica e, como é realizada por pessoa que não está mais em situação de proteção estatal, como no caso do menor, deve ser averbada no assento de nascimento e casamento, quando o caso, de forma que seja fácil a localização do registro e eventual apuração de adoção com meios escusos à lei.

Deve-se respeitar a intimidade do adotado, de forma que as cautelas para emissão de certidões devem ser aplicadas integralmente ao já explicitado quando abordado o assunto em relação à adoção do menor de idade.

13.1.10.3. Adoção Unilateral

É aquela em que um dos cônjuges adota o filho do outro. Hipótese em que o adotado continuará com os antigos vínculos de filiação inalterados, sendo apenas acrescidos os vínculos com o novo adotante. Por exemplo, a mulher que tem o filho com a paternidade não reconhecida poderá ter o filho adotado pelo atual cônjuge, mantendo inalterados os vínculos com a filiação materna.

Neste sentido o enunciado n. 273 da IV Jornada de Direito Civil do Conselho da Justiça Federal diz que: "[...] Sendo unilateral a adoção, e sempre que se preserve o vínculo originário com um dos genitores, deverá ser averbada a substituição do nome do pai ou mãe naturais pelo nome do pai ou mãe adotivos."

O subitem 117.4 previsto no capítulo XVII das Normas de Serviço Extrajudicial do Estado de São Paulo determina que "A adoção unilateral do menor ou do maior será averbada sem cancelamento do registro original."

Em resumo, a adoção do menor será procedida mediante a lavratura de um novo assento de nascimento, cancelando-se o registro originário, ao passo que tanto a adoção de pessoa maior de idade quanto a unilateral serão realizadas mediante averbação no assento primitivo, sem qualquer cancelamento.

14. Casamento

O casamento tem origem milenar, presente em praticamente todos os povos e culturas e, atualmente, em nosso ordenamento jurídico, tem status constitucional, conforme previsão no art. 226.

Podemos conceituar o casamento com as palavras didáticas de Flávio Tartuce:

"O casamento pode ser conceituado como a união estável de duas pessoas, reconhecida e regulamentada pelo Estado, formada com o objetivo de constituição de família e baseado em um vínculo de afeto" (2014, p. 1.130).

O casamento pode ser realizado independentemente da diferença de sexos, ou seja, é permitido o casamento homoafetivo no Brasil, sendo vedado a qualquer registrador a recusa de habilitação, celebração de casamento civil ou conversão de união estável em casamento, inclusive do registro, entre pessoas do mesmo sexo.

É o que diz a Resolução n. 175 de 14 de maio de 2013:

"Art. 1º É vedada às autoridades competentes a recusa de habilitação, celebração de casamento civil ou de conversão de união estável em casamento entre pessoas de mesmo sexo.

Art. 2º A recusa prevista no artigo 1º implicará a imediata comunicação ao respectivo juiz corregedor para as providências cabíveis.

Art. 3º Esta resolução entra em vigor na data de sua publicação."

É comum que o procedimento do casamento siga a ordem de habilitação, celebração e registro, mas, ressalta Mario de Carvalho Camargo Neto e Marcelo Salaroli de Oliveira que "[...] no entanto, é possível haver habilitação após a celebração (casamento religioso com efeitos civis), bem como registro sem celebração (conversão de união estável em casamento) [...]" (2014, II, p. 18).

Dependendo da forma de casamento escolhida o livro de registro poderá ser o "B" ou "B Auxiliar", que será estudado conforme se detalhe o registro de casamento.

No tocante aos emolumentos, cumpre esclarecer que na Constituição Federal, no art. 226, § 1º dispõe que a celebração do casamento é gratuita, bem como o Código Civil no art. 1.512. Tão somente a celebração tem gratuidade universal. Já o procedimento de habilitação e o registro devem ser pagos, garantida a isenção somente aos nubentes cuja pobreza for declarada sob as penas da lei.

Assim dispõe o art. 1.512 e parágrafo único do Código Civil:

> "Art. 1.512. O casamento é civil e gratuita a sua celebração.
>
> Parágrafo único. A habilitação para o casamento, o registro e a primeira certidão serão isentos de selos, emolumentos e custas, para as pessoas cuja pobreza for declarada, sob as penas da lei."

Independentemente da forma de casamento a ser escolhida, seja por conversão de união estável, religioso com efeito civil ou casamento civil propriamente dito, terá de ser pago os emolumentos, exceto aqueles cuja pobreza for reconhecida mediante declaração.

14.1. Habilitação

O processo de habilitação tem o intuito de que o casamento a ser registrado esteja hígido, compatível com a segurança jurídica própria dos registros públicos e sem qualquer mácula de impedimento.

A habilitação tem início quando os nubentes comparecem ao registro civil das pessoas naturais do domicílio de qualquer um deles e assim o requerem, assinando de próprio punho ou por procurador.

No Estado de São Paulo, por expressa previsão administrativa, o requerimento de abertura do processo de habilitação pode ser assinado por mandatário com procuração particular, desde que esteja com firma reconhecida (item 57, cap. XVII, Tomo II, NSCGJ-SP).

Caso qualquer dos nubentes seja analfabeto, o requerimento deve ser assinado a rogo com 2 (duas) testemunhas.

Além do requerimento de habilitação para o casamento, deverá instruir o pedido os seguintes documentos previstos no art. 1.525 e incisos do Código Civil:

"I - certidão de nascimento ou documento equivalente."

A certidão de nascimento é o documento por excelência, provando-se por meio dele o nome correto do nubente e de seus genitores, a filiação, naturalidade e data de nascimento e, também, cartório de registro, a fim de que seja comunicado o casamento para a devida anotação no registro de nascimento (art. 106 da Lei n. 6.015/73).

Gira celeuma em torno do documento de identidade RG, se este serviria ou não como "documento equivalente". Entendemos que se no documento de identidade constar referência ao cartório de registro, com dados possíveis para comunicação, cumprindo o disposto no art. 106 da LRP, é possível a sua utilização. No tocante à Carteira Nacional de Habilitação (CNH), não consta a naturalidade nem os dados remissivos ao cartório em que foi lavrado o assento primitivo, razão pela qual não é documento equivalente à certidão de nascimento, justamente por não constar o número do livro, folhas e termo, bem como por estar ausente a referência à naturalidade, razão pela qual não deve ser aceita exclusivamente para preencher o requisito previsto no art. 1.525, I do Código Civil.

Para os estrangeiros, a solução nos é dada por Mario de Carvalho Camargo Neto e Marcelo Salaroli de Oliveira:

> "No caso de estrangeiros, as normativas dispõem acerca dos documentos de maneira bastante semelhante, podendo-se extrair que a idade, o estado civil e a filiação poderão ser provados por meio de cédula de identidade de estrangeiro (RNE), passaporte ou atestado consular ou certidão de nascimento legalizada, traduzida e registrada no Registro de Títulos e Documentos. Caso os documentos apresentados não provem o estado civil e a filiação, estes poderão ser comprovados por declaração de duas testemunhas" (2014, II, p. 37).

É importante salientar que as Normas do Serviço Extrajudicial do Estado de São Paulo exigem que o passaporte do estrangeiro esteja com o prazo do visto não expirado (item 56, capítulo XVII, Tomo II, NSCGJ-SP).

Se o estrangeiro não souber o idioma nacional e o oficial registrador não entender aquele em que se expressa, deverá comparecer tradutor público para servir de intérprete ou, não o havendo na localidade, outra pessoa capaz que, a juízo do oficial, tenha idoneidade e conhecimento suficiente. A participação do tradutor será sempre mencionada no corpo do ato, com a devida identificação do tradutor e seu registro na Junta Comercial, na hipótese de tradutor público, bem como o devido compromisso, na hipótese de tradutor indicado pelo titular da serventia (subitem 56.1, capítulo XVII, Tomo II, NSCGJ-SP).

O surdo-mudo poderá exprimir sua vontade pela escrita, por meio de tecnologia assistiva de que disponha ou por meio de tradutor e intérprete que domine a Língua Brasileira de Sinais (LIBRAS), conforme Lei n. 10.436/2002 e Decreto nº 5.626/2005 (subitem 56.2, capítulo XVII, Tomo II, NSCGJ-SP).

"II - autorização por escrito das pessoas sob cuja dependência legal estiverem, ou ato judicial que a supra."

Esta exigência se aplica somente aos nubentes que contam entre 16 (dezesseis) e 18 (dezoito) anos, hipótese em que deverá ter a anuência de ambos os pais ou de seus representantes legais.

O poder familiar competirá com exclusividade a um dos genitores na falta ou impedimento do outro, devendo esta justificativa ser provada documentalmente, por exemplo, por certidão de óbito ou averbação de perda do poder familiar.

Se houver divergência entre os pais ou representantes legais, a autorização deverá ser submetida à apreciação judicial.

A pessoa emancipada não dependerá de autorização dos pais ou representantes legais. Neste sentido o enunciado n. 512 da V Jornada de Direito Civil do Conselho da Justiça Federal, nos seguintes termos: "o art. 1.517 do Código Civil, que exige autorização dos pais ou responsáveis para casamento, enquanto não atingida a maioridade civil, não se aplica ao emancipado."

A autorização concedida poderá ser revogada até a celebração (art. 1.518, CC) e se a denegação for injusta, poderá ser suprida por alvará judicial (art. 1.519, CC).

Em caso de gravidez, poderá ser pleiteado judicialmente o suprimento de idade núbil para que o juiz, entendendo ser possível, expeça alvará judicial para que seja realizado o processo de habilitação de pessoa menor de 16 (dezesseis) anos (art. 1.520, CC).

Tanto o pleito de alvará judicial por denegação injusta de um ou ambos os pais, bem como de alvará judicial de suprimento de idade núbil, devem ser solicitados pela via judicial (e não administrativa), em ação própria.

Sempre que necessitar de autorização judicial para a realização do casamento, a consequência será a imposição do regime de separação obrigatória de bens (art. 1.641, III, CC).

A intenção da lei ao impor o regime de separação obrigatória de bens a todos os que dependerem de alvará judicial para casar, foi o de proteger a pessoa menor. Destarte, inexistindo as causas que deram ensejo ao pleito judicial, é plenamente possível que os contraentes requeiram ao juízo competente a alteração do regime de bens.

Nesse sentido foi aprovado o enunciado 262 da III Jornada de Direito Civil, conforme segue:

> "262 – Artigos 1.641 e 1.639: A obrigatoriedade da separação de bens, nas hipóteses previstas nos incisos I e III do art. 1.641 do Código Civil, não impede a alteração do regime, desde que superada a causa que o impôs."

A alteração do regime de bens está fundamentada no Código Civil de 2.002 no art. 1.639, § 2º, e processualmente disciplinada pelo art. 734 e parágrafos do Código de Processo Civil.

Não se pode confundir a necessidade de alvará judicial para suprimento de consentimento dos pais e de idade núbil, com o nubente interdito, pois este, com o advento do Estatuto da Pessoa com Deficiência, Lei n. 13.146/2015, seja qual for a data ou os limites da interdição, poderá contrair casamento. Esta é a conclusão que se extrai do art. 83 da lei citada, que segue:

> "Os serviços notariais e de registro não podem negar ou criar óbices ou condições diferenciadas à prestação de seus serviços em razão de deficiência do solicitante, devendo reconhecer sua capacidade legal plena, garantida a acessibilidade."

Com efeito, independente da data ou dos limites da interdição, poderá o nubente interdito contrair casamento livremente. Mas e a pessoa com deficiência que não conseguir manifestar sua vontade?

As normas administrativas do Estado de São Paulo nos trazem a solução, estipulando que "a pessoa com deficiência que manifestar vontade poderá requerer habilitação de casamento, sem assistência ou representação, sendo certo que a falta de manifestação não poderá ser suprida pela intervenção individual de curador ou apoiador." (subitem 54.1, capítulo XVII, Tomo II, NSCGJ-SP).

> "III - declaração de duas testemunhas maiores, parentes ou não, que atestem conhecê-los e afirmem não existir impedimento que os iniba de casar."

As anotações que são realizadas nos assentos anteriores não têm o condão de alterar o estado civil. Assim, não é a anotação de divórcio na certidão de nascimento que atribui o estado civil de divorciado, mas sim a averbação realizada à margem do assento de casamento que passará a constar das certidões extraídas posteriormente.

Com efeito, o presente requisito além de atestar a identidade dos nubentes, também se destina a afirmar que não existem impedimentos que os inibam de casar, de tal forma que, por exemplo, se for apresentado "documento equivalente" à certidão de nascimento (requisito I), serão as testemunhas que afirmarão que não existem impedimentos para o casamento e, por consequência, os nubentes são solteiros, viúvos ou divorciados, conforme o caso. Ou melhor, mesmo que seja apresentada a certidão de nascimento e no campo das anotações conste em branco, ainda assim, será fundamental a presença de 2 (duas) testemunhas, pois elas que atestarão a ausência de impedimentos para o casamento (*v.g.* grau de parentesco impeditivo).

"IV - declaração do estado civil, do domicílio e da residência atual dos contraentes e de seus pais, se forem conhecidos."

Este item se destina a afirmar, conjuntamente com as testemunhas (requisito III), o estado civil dos nubentes. Também se justifica uma vez que, caso os nubentes residam em municípios distintos, nos termos do art. 67, § 4º da LRP, o edital de proclamas deverá ser registrado e publicado em ambos.

Dos pais dos nubentes deve constar somente a residência, não fazendo referência ao estado civil por expressa vedação constitucional no art. 227, § 6º, parte final. O processo de habilitação ficará arquivado na serventia extrajudicial e de suas páginas poderão ser extraídas certidões, assim, deve-se preservar ao máximo o mandamento constitucional de não utilizar quaisquer designações discriminatórias relativas à filiação.

"V - certidão de óbito do cônjuge falecido, de sentença declaratória de nulidade ou de anulação de casamento, transitada em julgado, ou do registro da sentença de divórcio."

Este item é obrigatório para os nubentes viúvos e divorciados, ou cujo casamento anterior foi declarado nulo ou anulado.

Conforme já estudado, as anotações não modificam o estado civil, sendo meros atos registrais destinado a ligar um assento ao outro, preservando a segurança jurídica. Assim, o divórcio somente se prova com a certidão de casamento constando a averbação do divórcio; para o viúvo, só se prova com a certidão de casamento mais a certidão de óbito.

Recomenda-se que no memorial assinado pelos nubentes conste dados minuciosos, como regime de bens escolhido, alteração de nomes, data e horário de preferência para a celebração, mas que será condicionado à concordância do juiz de casamentos (art.1.533, CC), também o local, se será na sede do cartório ou em outro estabelecimento, respeitado o princípio da territorialidade.

No tocante a alteração de nomes, qualquer dos nubentes, segundo o art. 1.565, § 1º do Código Civil, poderá acrescer ao seu nome o sobrenome do outro. A interpretação deste artigo deve ser extensiva e as decisões judiciais caminham neste sentido, assim como as normas administrativas do Estado de São Paulo, que no item 70, cap. XVII, Tomo II, diz que: "qualquer dos nubentes, querendo, poderá acrescer ao seu o sobrenome do outro, vedada a supressão total do sobrenome de solteiro."

Portanto, se o nubente possuir 2 (dois) sobrenomes, poderá suprimir 1 (um) e acrescer o do outro; se possuir apenas 1 (um) sobrenome, poderá somente acrescer o sobrenome do outro, vedada a supressão; e, por fim, poderá manter inalterados os sobrenomes próprios e somente acrescer o sobrenome do outro. Por óbvio, qualquer dos nubentes também podem optar por não adotar o sobrenome do outro, mantendo os nomes de solteiros.

Também se recomenda ao registrador que colha dos nubentes termo de declaração, nos termos do art. 1.528 do Código Civil, mencionando que foi esclarecido aos nubentes a respeito dos fatos que podem ocasionar a invalidade do casamento, bem como sobre os diversos regimes de bens.

O requerimento dos nubentes para habilitação de casamento, além destes documentos supracitados, pode vir acompanhado de outros, por exemplo, documento de identificação (RG). Na ausência do RG, há entendimento que deva comparecer mais duas (2) testemunhas, nos termos do art. 215, § 5º do Código Civil, podendo ser as mesmas testemunhas da habilitação. Se houver escolha por outro regime de bens que não o legal, também deverá vir acompanhada a respectiva escritura pública ou poderá ser juntada ao processo de habilitação até o momento da celebração do casamento (art. 1.653, CC).

É no processo de habilitação que o oficial de registro analisará os impedimentos e as causas suspensivas (arts. 1.521/1.524, CC).

14.2. Impedimentos e Causas Suspensivas

As hipóteses de impedimento, como o próprio nome diz, impede que o casamento seja celebrado (ou registrado, por interpretação lógica, em sendo modalidade de casamento por conversão de união estável) e estão arroladas no art. 1.521 do Código Civil, a saber:

"Art. 1.521. Não podem casar:

I - os ascendentes com os descendentes, seja o parentesco natural ou civil;

II - os afins em linha reta;

III - o adotante com quem foi cônjuge do adotado e o adotado com quem o foi do adotante;

IV - os irmãos, unilaterais ou bilaterais, e demais colaterais, até o terceiro grau inclusive;

V - o adotado com o filho do adotante;

VI - as pessoas casadas;

VII - o cônjuge sobrevivente com o condenado por homicídio ou tentativa de homicídio contra o seu consorte."

Se o juiz de casamento ou o oficial de registro tiver conhecimento da existência de algum impedimento, será obrigado a declará-lo (art. 1.522, parágrafo único, CC). Os impedimentos podem ser opostos, até o momento da celebração do casamento, por qualquer pessoa capaz (art. 1.522, CC).

Os impedimentos serão opostos em declaração escrita e assinada, instruída com as provas do fato alegado ou com a indicação do lugar onde possam ser obtidas. Diante disso, o oficial do registro dará aos nubentes ou a seus representantes nota da oposição, indicando os fundamentos, as provas e o nome de quem a ofereceu (arts. 1.529 e 1.530 do Código Civil).

O procedimento da oposição de impedimento ao casamento é esmiuçado pela Lei de Registros Públicos no art. 67, § 5º, dizendo que se houver apresentação de impedimento, o oficial dará ciência do fato aos nubentes, para que indiquem em três (3) dias prova que pretendam produzir, e remeterá os autos a juízo; produzidas as provas pelo oponente e pelos nubentes no prazo de dez (10) dias, com ciência do Ministério Público, e ouvidos os interessados e o órgão do Ministério Público em cinco (5) dias, decidirá o juiz em igual prazo.

O prazo de três (3) dias para que os nubentes indiquem as provas que pretendem produzir pode ser abrandado, nos termos do art. 1.530, parágrafo único do Código Civil, ou seja, podem os nubentes requerer prazo razoável para fazer prova contrária aos fatos alegados pelo oponente.

É claro que a oposição de impedimento de má-fé pode ensejar pelos nubentes a propositura de ações cíveis e criminais em face do oponente.

As causas suspensivas estão previstas no art. 1.523 do Código Civil:

"Art. 1.523. Não devem casar:

I - o viúvo ou a viúva que tiver filho do cônjuge falecido, enquanto não fizer inventário dos bens do casal e der partilha aos herdeiros;

II - a viúva, ou a mulher cujo casamento se desfez por ser nulo ou ter sido anulado, até dez meses depois do começo da viuvez, ou da dissolução da sociedade conjugal;

III - o divorciado, enquanto não houver sido homologada ou decidida a partilha dos bens do casal;

IV - o tutor ou o curador e os seus descendentes, ascendentes, irmãos, cunhados ou sobrinhos, com a pessoa tutelada ou curatelada, enquanto não cessar a tutela ou curatela, e não estiverem saldadas as respectivas contas."

As causas suspensivas, diferente dos impedimentos, não impedem o casamento, sendo que a sanção será a imposição do regime de separação obrigatória de bens (art. 1.641, I, CC).

É permitido aos nubentes solicitar ao juiz que não lhes sejam aplicadas as causas suspensivas previstas nos incisos I, III e IV, acima citados, provando-se a inexistência de prejuízo, respectivamente, para o herdeiro, para o ex-cônjuge e para a pessoa tutelada ou curatelada; no caso do inciso II, a nubente deverá provar nascimento de filho ou inexistência de gravidez na fluência do prazo (art. 1.523, parágrafo único, CC).

As causas suspensivas da celebração do casamento podem ser arguidas pelos parentes em linha reta de um dos nubentes, sejam consanguíneos ou afins, e pelos colaterais em segundo grau, consanguíneos ou afins (art. 1.524, CC).

Previsão interessante é a constante do item 55, cap. XVII das Normas do Serviço Extrajudicial do Estado de São Paulo, admitindo nos casos do artigo 1.523, incisos I e III do Código Civil, que bastará a apresentação de declaração assinada pelo nubente no sentido de ter feito a partilha dos bens ou de inexistirem bens a partilhar.

Portanto, no Estado de São Paulo, em sendo o nubente viúvo que tenha filho com o cônjuge falecido ou divorciado, não necessitará solicitar ao juiz que não lhes sejam aplicadas as causas suspensivas. Bastará que assine a declaração no sentido de já ter feito a partilha. Caso não tenha bens a partilhar, necessitará declarar que não existem bens a partilhar.

Estando toda a documentação em ordem, o oficial registrará o edital de proclamas no livro "D", afixará durante quinze dias nas circunscrições do Registro Civil de ambos os nubentes, em lugar ostensivo, e publicará na imprensa local, se houver (arts. 1.527, CC e 67, §§ 3º e 4º da LRP).

Em havendo urgência, a autoridade competente, neste caso o juiz, em via administrativa, poderá dispensar a publicação dos editais de proclamas (arts. 1.527, parágrafo único do Código Civil e 69 da Lei n. 6.015/73).

A indagação que pode surgir é a de que, conforme os termos do art. 67, § 1º da Lei de Registros Públicos, se o oficial afixará o edital de proclamas de casamento em lugar ostensivo de seu cartório e fará publicá-los na imprensa local, se houver; o prazo de 15 (quinze) dias será contado do registro do edital no livro "D", da afixação em local ostensivo ou da publicação na imprensa local? A resposta está na própria Lei de Registros Públicos que, no art. 67, § 3, diz que "decorrido o prazo de quinze (15) dias a contar da afixação do edital em cartório, [...] o oficial do registro certificará a circunstância nos autos e entregará aos nubentes certidão de que estão habilitados para se casar dentro do prazo previsto em lei."

Extinguindo a celeuma, o prazo de 15 (quinze) dias de publicação dos proclamas é contado a partir da afixação do edital em cartório.

Cumpridas as formalidades legais e verificada a inexistência de fato obstativo, o oficial do registro extrairá o certificado de habilitação, que terá eficácia por 90 (noventa) dias, a contar da data em que foi extraído (arts. 1.531 e 1.532, CC).

14.3. Celebração e Registro do Casamento

O casamento será celebrado no dia, hora e lugar designados pela autoridade que houver de presidir o ato, mediante petição e apresentação de certidão de habilitação dos nubentes (art. 1.533, CC). Na prática são os nubentes que indicam a preferência, ficando a critério do juiz de casamentos a anuência ou não. No caso da negativa, os nubentes indicam outra data, hora e local de preferência, até chegar-se a um consenso.

A celebração, em qualquer hipótese, deve ser aberta ao público, seja ela realizada na sede do cartório ou em edifício particular. Neste sentido, temos o art. 1.543 e parágrafo primeiro do Código Civil, a saber:

> "Art. 1.534. A solenidade realizar-se-á na sede do cartório, com toda publicidade, a portas abertas, presentes pelo menos duas testemunhas, parentes ou não dos contraentes, ou, querendo as partes e consentindo a autoridade celebrante, noutro edifício público ou particular.
>
> § 1º. Quando o casamento for em edifício particular, ficará este de portas abertas durante o ato."

Quando ocorrer na sede do cartório, deverão estar presentes ao menos 2 (duas) testemunhas, que podem ser parentes ou não dos contraentes. Em sendo realizada em edifício particular, o art. 1.534, § 2º do Código Civil não é claro, gerando margem a duas interpretações. Transcreve-se: "serão quatro as testemunhas na hipótese do parágrafo anterior e se algum dos contraentes não souber ou não puder escrever."

Há quem entenda que serão 4 (quatro) testemunhas se for prédio particular ou se algum dos contraentes não souber ou não puder escrever. Não parece lógico, tendo em vista que a lei utilizou a conjunção cumulativa "e", de modo que serão 2 (duas) testemunhas, sendo o casamento realizado no cartório ou em estabelecimento particular. Somente serão 4 (quatro) testemunhas quando celebrado em edifício particular e se algum dos contraentes não souber ou não puder escrever.

De qualquer forma, é interessante que o oficial registrador cientifique os nubentes dessa peculiaridade, cautelarmente, pedindo que presencie o ato ao menos 4 (quatro) testemunhas, que podem ser parentes ou não, quando a celebração ocorrer em edifício particular.

No Estado de São Paulo as normas administrativas são claras no sentido de que, se o casamento for em casa particular, ficarão as portas abertas durante o ato e serão duas as testemunhas. Caso algum dos contraentes não saiba escrever, serão 4 (quatro) as testemunhas (item 76 e 76.1, capítulo XVII, Tomo II, NSCGJ-SP). Com efeito, em São Paulo não há sombras de dúvidas com relação ao número de testemunhas, sendo apenas necessário 4 (quatro) testemunhas quando o casamento for celebrado em casa particular e algum dos contraentes não saiba escrever.

Qualquer dos contraentes poderá ser representado na celebração por procurador, mediante procuração lavrada por instrumento público com poderes especiais, a qual terá eficácia por 90 (noventa) dias e somente por instrumento público poderá ser revogado o mandato, por força do princípio do paralelismo das formas. A revogação do mandato não necessita chegar ao conhecimento do mandatário; mas, celebrado o casamento sem que o mandatário ou o outro contraente tivessem ciência da revogação, responderá o mandante por perdas e danos (art. 1.542 e parágrafos, CC).

O casamento se realiza no momento em que os contraentes manifestam, perante o juiz, a vontade de estabelecer vínculo conjugal, e o juiz os declara casados (art. 1.514, CC) nos seguintes termos: "de acordo com a vontade que ambos acabais de afirmar perante mim, de vos receberdes por marido e mulher, eu, em nome da lei, vos declaro casados" (art. 1.535, CC).

Por óbvio, no direito pátrio não existem fórmulas mágicas ou sacramentais, devendo o presidente do ato adequar a "declaração de casados" ao caso concreto, como na celebração de casamento homoafetivo.

O Código de Normas do Estado de Minas Gerais, por exemplo, no art. 510, parágrafo único, assevera que não se deve pronunciar os termos estipulados pela lei para declarar os nubentes casados, mas sim outra fórmula estabelecida pelas próprias normas, conforme segue:

> "Em todas as celebrações de casamento, sejam ou não de pessoas do mesmo sexo, o juiz de paz proferirá as seguintes palavras: "De acordo com a vontade que ambos acabais de afirmar perante mim, de vos receberdes em casamento, eu, em nome da lei, vos declaro casados. (Parágrafo único acrescentado pelo Provimento nº 287, de 11 de dezembro de 2014)"

Se qualquer dos nubentes recusar a solene afirmação da sua vontade de casar, declarar que esta não é livre ou espontânea ou manifestar-se arrependido, a celebração do casamento deve ser imediatamente suspensa e não poderá se retratar no mesmo dia (art. 1.538, incisos e parágrafo único, CC).

Como deverá proceder o oficial em caso de falta ou impedimento do juiz de casamentos? Neste caso, deve-se atentar para as normas locais de cada ente da federação. A título de exemplo, o Código de Normas mineiro em seu art. 511, de forma simplificada, diz que "a falta ou impedimento do juiz de paz serão supridos por seu suplente, se houver, ou outro *ad hoc* designado pelo diretor do foro, obedecidos os requisitos legais."

Já as Normas do Estado de São Paulo, no item 79, capítulo XVII do Serviço Extrajudicial, expõe que:

> "Na falta ou impedimento do Juiz de casamento ou de seu Suplente, o Oficial de Registro Civil das Pessoas Naturais ou Escrevente Autorizado indicará outra pessoa idônea para o ato, dentre os eleitores residentes no distrito, não pertencentes a órgão de direção ou de ação de partido

político, dotados de requisitos compatíveis de ordem moral e cultural, que poderá ser nomeado pelo Juiz Corregedor Permanente, mediante portaria prévia ou por meio de ratificação."

O que se recomenda aos oficiais é que se colha sempre o termo de compromisso firmado pelo pretenso juiz de casamentos *ad hoc*, em que se declarará a ciência e a assunção das futuras responsabilidades. Também é recomendável que se arquive junto aos processos de habilitação a cópia da nomeação ou portaria, conforme o caso, bem como do termo de compromisso.

Logo após a celebração, o casamento civil deverá ser registrado no livro "B" e em seguida assinado pelo juiz de casamento presidente do ato, cônjuges, testemunhas e oficial de registro, contendo os seguintes requisitos previstos nos incisos do art. 1.536 do Código do Civil:

"I - os prenomes, sobrenomes, datas de nascimento, profissão, domicílio e residência atual dos cônjuges;

II - os prenomes, sobrenomes, datas de nascimento ou de morte, domicílio e residência atual dos pais;

III - o prenome e sobrenome do cônjuge precedente e a data da dissolução do casamento anterior;

IV - a data da publicação dos proclamas e da celebração do casamento;

V - a relação dos documentos apresentados ao oficial do registro;

VI - o prenome, sobrenome, profissão, domicílio e residência atual das testemunhas;

VII - o regime do casamento, com a declaração da data e do cartório em cujas notas foi lavrada a escritura antenupcial, quando o regime não for o da comunhão parcial, ou o obrigatoriamente estabelecido."

Estes incisos devem ser complementados pelos itens 1º, 8º e 10º do art. 70 da Lei n. 6.015/73, constando do termo de casamento a nacionalidade e a naturalidade dos contraentes, bem como a alteração de nomes em virtude do casamento.

Muito embora o item 8º do art. 70 da LRP diga que deve constar "o nome, que passa a ter a mulher, em virtude do casamento", é sabido que com o advento do Código Civil de 2002 fica facultado a qualquer dos cônjuges a alteração de nome, visto que "qualquer dos nubentes, querendo, poderá acrescer ao seu o sobrenome do outro." (art. 1.565, § 1º, Código Civil).

A melhor interpretação ao dispositivo é a dada pelo item 70, capítulo XVII das Normas de Serviço Extrajudicial do Estado de São Paulo, que complementa dizendo que a "qualquer dos nubentes, querendo, poderá acrescer ao seu o sobrenome do outro, vedada a supressão total do sobrenome de solteiro."

Portanto, o cônjuge poderá acrescer ao seu sobrenome o do outro, desde que mantenha um sobrenome para que a ele lhe seja acrescido. Assim, por exemplo, se o cônjuge possui 2 (dois) sobrenomes (materno e paterno), poderá suprimir qualquer um e acrescentar o sobrenome do cônjuge; por outro lado, se possui apenas 1 (um) sobrenome, não poderá suprimi-lo, sendo-lhe facultado apenas a inclusão do sobrenome do cônjuge.

O item 9º do art. 70 da Lei de Registros Públicos diz que deve constar dos assentos de casamento "os nomes e as idades dos filhos havidos de matrimônio anterior ou legitimados pelo casamento." Todavia, este item não foi recepcionado pela Constituição Federal de 1.988, visto que a Constituição veda qualquer distinção ou discriminação entre os filhos (art. 227, § 6º), razão pela qual este item não constará dos assentos de casamento.

Se um dos contraentes não souber ou não puder assinar, deverá ser colhida sua impressão digital à margem do termo (item 10º do art. 70 da LRP).

O número de registro no Cadastro de Pessoas Físicas (CPF) referente aos contraentes também deverá constar obrigatoriamente nos assentos de casamento, por força do art. 6º e § 1º do Provimento n. 63/2017 do Conselho Nacional de Justiça.

Por fim, vale ressaltar que há 2 (duas) celebrações com características especiais, sendo o casamento em caso de moléstia grave e o nuncupativo (iminente risco de vida). Também abordaremos o casamento religioso com efeito civil e a conversão de união estável em casamento.

14.3.1. Casamento em Caso de Moléstia Grave

Assim dispõe o art. 1.539 do Código Civil: "No caso de moléstia grave de um dos nubentes, o presidente do ato irá celebrá-lo onde se encontrar o impedido, sendo urgente, ainda que à noite, perante duas testemunhas que saibam ler e escrever."

Segue a regra geral de duas testemunhas, podendo ser parentes de qualquer dos nubentes.

No caso de moléstia grave é dispensada a prévia habilitação de casamento, todavia, há normas administrativas locais que podem obrigar o procedimento de habilitação de casamento posterior à celebração, como é o caso do Estado de São Paulo, item 89.2, cap. XVII, Tomo II das Normas de Serviço.

É interessante o art. 1.539, § 1º do Código Civil, pois segundo ele o juiz de casamento presidente do ato poderá nomear, na falta ou impedimento do oficial de registro, outro *ad hoc*. Vejamos:

> "A falta ou impedimento da autoridade competente para presidir o casamento suprir-se-á por qualquer dos seus substitutos legais, e a do oficial do Registro Civil por outro *ad hoc*, nomeado pelo presidente do ato."

Posteriormente, o termo avulso lavrado pelo oficial *ad hoc* será registrado no respectivo registro dentro de cinco dias, perante duas testemunhas, ficando arquivado (art. 1.539, § 2º, Código Civil).

Interessante a previsão nas normas administrativas do Estado de São Paulo, que segue o art. 1.539, § 1º do Código Civil com rigor, pois neste artigo, conforme já mencionado, na falta ou impedimento do juiz de casamento, este deverá ser substituído por seu suplente, não havendo previsão de nomeação de juiz de casamento *ad hoc*. Assim dispõe o subitem 89.4, capítulo XVII das Normas de Serviço Extrajudicial:

> "O casamento no caso de moléstia grave somente poderá ser celebrado pelo Juiz de Casamento competente, cuja falta ou impedimento será suprida por qualquer de seus Substitutos legais, não se admitindo a figura do Juiz de Casamento ad hoc."

Em sentido totalmente oposto, as normas administrativas do Estado de Minas Gerais admitem plenamente a possibilidade de juiz de casamento *ad hoc*, inclusive para celebrar casamento no caso de moléstia grave, conforme asseverado pelo art. 520, § 1º, que segue:

> "A falta ou o impedimento da autoridade competente para presidir o casamento serão supridos por qualquer dos seus suplentes ou por juiz de paz *ad hoc* nomeado pelo diretor do foro, e a do oficial de registro por seu substituto ou

escrevente autorizado ou, ainda, por outro *ad hoc* nomeado pelo presidente do ato."

Nos parece acertada a interpretação dada ao art. 1.539, § 1º do Código Civil pelo Código de Normas do Estado de Minas Gerais, haja vista que quem pode o mais pode o menos. Ora, se é possível a nomeação de oficial de registro *ad hoc* pelo juiz de casamento presidente do ato, por óbvio, devemos permitir também a nomeação de juiz de casamento *ad hoc*.

14.3.2. Casamento em Iminente Risco de Vida ou Nuncupativo

Na hipótese de casamento nuncupativo, ou seja, em iminente risco de vida, o art. 1.540 do Código Civil disciplina que: "Quando algum dos contraentes estiver em iminente risco de vida, não obtendo a presença da autoridade à qual incumba presidir o ato, nem a de seu substituto, poderá o casamento ser celebrado na presença de seis testemunhas, que com os nubentes não tenham parentesco em linha reta, ou, na colateral, até segundo grau."

O casamento nuncupativo também dispensa a prévia habilitação de casamento, inclusive da autoridade celebrante, bastando a presença de seis testemunhas, desde que não sejam parentes dos nubentes em linha reta ou na colateral até o segundo grau.

Celebrado o casamento, devem as testemunhas dentro de 10 (dez) dias comparecerem perante a autoridade judicial mais próxima, declarando e reduzindo a termo que foram convocadas pelo enfermo, que este estava em perigo de vida mas com pleno discernimento para o ato e os contraentes declararam de livre e espontânea vontade a intenção de receberem-se em matrimônio (art. 1.541, e incisos do Código Civil).

Se o juiz decidir favorável, mandará o oficial registrar o casamento com efeitos retroativos à data da celebração do casamento (art. 1.541, § 4º do Código Civil).

Se o enfermo convalescer, não se dará seguimento ao trâmite do casamento nuncupativo, devendo-se requerer o processo de habilitação perante o oficial de registro civil competente e preencher todas as formalidades exigíveis para qualquer casamento.

Em síntese, o oficial de registro não tem participação pretérita no casamento nuncupativo, isto quer dizer que a sua atuação se limitará a recepcionar e cumprir o mandado expedido pelo juiz competente. Por fim, já que os efeitos do casamento serão retroativos à data da celebração, esta data obrigatoriamente deverá constar do mandado judicial e do registro de casamento.

14.3.3. Casamento Religioso com Efeito Civil

O casamento religioso que atender às exigências da lei para a validade do casamento civil equipara-se a este, desde que registrado no registro próprio, produzindo efeitos a partir da data de sua celebração (art. 1.515, CC). Portanto, o registro do casamento religioso submete-se aos mesmos requisitos exigidos para o casamento civil (art. 1.516, CC).

Pode-se verificar, que, para o casamento religioso ter validade, deve-se obedecer aos requisitos legais do casamento civil e produzirá efeitos a partir da celebração (arts. 1.515 do CC e 75 da LRP). Por isso entendemos ser necessário mencionar nas certidões de casamentos extraídas dos registros de casamentos religiosos com efeitos civis, no campo das observações, a data da celebração, haja vista que os efeitos contam a partir desta e não do registro.

Assim, os nubentes, após iniciarem a processo de habilitação, com o procedimento hígido e obedecidas todas as formalidades legais já mencionadas anteriormente, poderão pedir ao oficial que lhes forneça a certidão de habilitação para se casarem perante autoridade ou ministro religioso, nela mencionando o prazo legal de validade da habilitação, que será de 90 (noventa) dias a contar da expedição do certificado (arts. 71 da LRP e 1.532 do CC).

A celebração de casamento deve ocorrer no prazo de eficácia da certidão de habilitação dos contraentes, sob pena de terem que realizar nova habilitação. Igualmente, o registro deve ocorrer no prazo de 90 (noventa) dias a contar da celebração, mediante comunicação do celebrante ao ofício competente, ou por iniciativa de qualquer interessado, desde que homologada previamente a habilitação. Após o referido prazo, o registro dependerá de nova habilitação (art. 1.516, § 1º, CC).

Ainda que não haja prévia habilitação, o casamento religioso poderá ter efeitos civis, se, a requerimento do casal, a qualquer tempo, for procedida a habilitação de casamento e registrado no prazo de 90 (noventa) dias, conforme o art. 1.516, § 2º do Código Civil, *in verbis*:

> "O casamento religioso, celebrado sem as formalidades exigidas neste Código, terá efeitos civis se, a requerimento do casal, for registrado, a qualquer tempo, no registro civil, mediante prévia habilitação perante a autoridade competente e observado o prazo do art. 1.532."

Portanto, o casamento religioso celebrado sem a prévia habilitação perante o oficial de registro poderá ser registrado, desde que apresentados pelos nubentes, com o requerimento de registro, a prova do ato religioso e os documentos exigidos pelo Código Civil, suprindo-se eventual falta de requisitos nos termos da celebração. Destarte, será processada a habilitação com a publicação dos editais de proclamas e, certificada a inexistência de impedimentos, cumprido todo o trâmite regular do procedimento de habilitação para casamento, o oficial fará o registro do casamento religioso (art. 74 e parágrafo único da Lei n. 6.015/73).

Se tiver ocorrido a celebração de casamento religioso com ou sem prévia habilitação e posteriormente houver casamento civil, o religioso com efeito civil que, por ventura, vier a ser registrado, será nulo (art. 1.516, § 3º, CC).

Segundo o art. 72 da Lei n. 6.015/73, no termo religioso deverá constar todos os requisitos previstos para o assento de casamento civil, com exceção da relação dos documentos apresentados ao oficial do registro.

O registro do casamento religioso com efeito civil será feito no livro "B Auxiliar" e deverá constar todos os itens do casamento civil e mais alguns, conforme preleciona o art. 73, § 1º da LRP, os quais são a data da celebração, o lugar, o culto religioso, o nome do celebrante, sua qualidade, o cartório que expediu a habilitação, sua data, os nomes, profissões, residências, nacionalidades das testemunhas que o assinaram o termo religioso e, por óbvio, os nomes dos contraentes.

Assim que entregue em cartório o termo religioso, preenchidos os requisitos legais, o oficial registrador tem o prazo de 24 (vinte e quatro) horas para registrar no livro competente (art. 73, § 2º da LRP).

14.3.4. Casamento por Conversão de União Estável

No tocante à união estável, a Constituição Federal no art. 226, § 3º a reconhece como entidade familiar, devendo a lei facilitar sua conversão em casamento.

O que era para ser facilitado, foi dificultado, pois o Código Civil no art. 1.726 inseriu que o pedido de conversão de união estável em casamento deverá ser dirigido ao juiz.

Com efeito, cada unidade da federação por meio de normas administrativas locais, regulamentaram a questão, ora com pedido judicial, ora administrativo, ora no livro "B", ora no livro "B Auxiliar" etc., enfim, esta disparidade não é saudável aos registros públicos, tampouco para a segurança jurídica, ficando para cada estudioso debruçar sobre as normas administrativas de cada Estado.

A fim de simplificar a questão, as Corregedorias Estaduais de São Paulo e Minas Gerais, apenas para citar como exemplo, dizem que a conversão de união estável em casamento deverá ser requerida perante o oficial de registro civil de seu domicílio (item 87, capítulo XVII, Tomo II, NSCGJ-SP e art. 522, CNCGJ-MG).

Há jurisprudência unânime no sentido de que para se caracterizar união estável os conviventes não necessitam residir na mesma casa, razão pela qual o oficial de registro, ainda que os conviventes residam em municípios diversos, deve dar regular trâmite ao processo de habilitação, com a única ressalva que o edital de proclamas deve ser publicado no domicílio do outro cônjuge também. Por óbvio, se admite a conversão de união estável em casamento de pessoas do mesmo sexo.

Estando em termos o pedido, após o prazo legal, será lavrado o assento da conversão da união estável em casamento, independentemente de autorização do juiz corregedor permanente, prescindindo o ato da celebração do matrimônio (subitem 87.2, capítulo XVII, Tomo II, NSCGJ-SP).

As normas administrativas do Estado de São Paulo e Minas Gerais convergem no seguinte ponto, em ambas não se deve constar do assento de casamento oriundo de conversão de união estável a data do início ou duração desta. Todavia, em um segundo momento, as normas administrativas dos dois entes da federação divergem, visto que em São Paulo é regulamentado que em nenhuma hipótese constará a data do início ou duração da união estável (subitem 87.5, capítulo XVII, Tomo II, NSCGJ-SP), ao passo que em Minas Gerais está regulamentado de forma diversa, o que nos parece mais correto, admitindo que conste a data de início da união estável anterior à lavratura do assento. Para isso, o pedido deve ser direcionado ao juízo competente, que apurará o fato de forma análoga à produção antecipada da prova prevista nos artigos 381 a 383 do Código de Processo Civil e, após o reconhecimento judicial, o oficial de registro lavrará no Livro "B", mediante apresentação do respectivo mandado, o assento da conversão de união estável em casamento, do qual constará a data de início da união estável apurada no procedimento de justificação (art. 523 e parágrafo único, CNCGJ-MG).

14.4. Averbação de Divórcio

As averbações são realizadas à margem do assento principal, ainda assim, é importante analisar as normas administrativas locais para verificar se também é requisito o registro da sentença de divórcio no livro "E". A título de esclarecimento, por exemplo, no Estado de São Paulo, as sentenças relativas a casamentos realizados fora do Estado, após o trânsito em julgado, serão inscritas facultativamente no Livro "E" do Registro Civil das Pessoas Naturais do 1º Subdistrito da Comarca (item 166, cap. XVII, Tomo II, NSCGJ-SP).

Com a Emenda Constitucional n. 66/2010 foi introduzido no nosso ordenamento jurídico a possibilidade do divórcio direto, podendo ser este judicial ou extrajudicial.

Para que se proceda a averbação de divórcio judicial, é imprescindível que conste a data em que o juiz proferiu a sentença, a sua conclusão, os nomes das partes e o trânsito em julgado (art. 100 da Lei n. 6.015/73). Normas administrativas podem complementar este artigo, exigindo a indicação do nome do juiz signatário do mandado, da vara em que foi proferida a sentença, o número do respectivo processo, o nome que a mulher ou o marido passaram a adotar, bem como a notícia sobre a ocorrência de decisão ou homologação da partilha de bens (item 132, capítulo XVII, Tomo II, NSCGJ-SP).

O divórcio extrajudicial é realizado mediante escritura pública, com a presença de advogado, desde que seja consensual e não haja nascituro ou filhos incapazes, sendo título hábil para ingresso nos registros públicos independentemente de homologação judicial.

Na averbação de divórcio decorrente de escritura lavrada nos termos da Lei n. 11.441/2007, deve-se indicar primordialmente o nome que a mulher ou o marido passaram a adotar, a identificação do Tabelião de Notas, livro, página e a data em que aperfeiçoado o ato.

Averbado o divórcio, deverá o oficial proceder as comunicações e/ou anotações nos assentos anteriores, nos termos do art. 106 da Lei de Registros Públicos.

A inovação que nos parece digna de nota neste livro é o Provimento n. 53 do Conselho Nacional de Justiça, datado de 16 de maio de 2016, que permitiu a averbação da sentença estrangeira de divórcio consensual simples ou puro diretamente no assento de casamento, bem como da decisão não judicial de divórcio, que pela lei brasileira tem natureza jurisdicional, independentemente de homologação prévia do Superior Tribunal de Justiça e/ou de prévia manifestação de qualquer outra autoridade judicial brasileira, sendo, inclusive, dispensada a assistência de advogado ou defensor público.

Na realidade, o provimento acima citado veio para regulamentar em nível nacional o estatuído pelo art. 961, § 5º do Código de Processo Civil que diz: "A sentença estrangeira de divórcio consensual produz efeitos no Brasil, independentemente de homologação pelo Superior Tribunal de Justiça."

Em sentido oposto, a averbação da sentença estrangeira de divórcio consensual que, além da dissolução do matrimônio, envolva disposição sobre guarda de filhos, alimentos e/ou partilha de bens (divórcio consensual qualificado), dependerá de prévia homologação pelo Superior Tribunal de Justiça (art. 1º, item 3º, Provimento 53/2016, CNJ).

Segundo o art. 2º do provimento já citado, "para averbação direta, o interessado deverá apresentar, no Registro Civil de Pessoas Naturais junto ao assento de seu casamento, cópia integral da sentença estrangeira, bem como comprovação do trânsito em julgado, acompanhada de tradução oficial juramentada e de chancela consular."

Interessante que o art. 2º acima não fez menção ao registro no Registro de Títulos e Documentos, da sentença estrangeira e da respectiva tradução, conforme determina o art. 129, item 6º da Lei n. 6.015/73:

"Art. 129. Estão sujeitos a registro, no Registro de Títulos e Documentos, para surtir efeitos em relação a terceiros:

6º) todos os documentos de procedência estrangeira, acompanhados das respectivas traduções, para produzirem efeitos em repartições da União, dos Estados, do Distrito Federal, dos Territórios e dos Municípios ou em qualquer instância, juízo ou tribunal."

Andou bem o Conselho Nacional de Justiça, tendo em vista que o registro, neste caso, no cartório de títulos e documentos se prestará a dar efeitos perante terceiros, todavia, como a sentença estrangeira transitada em julgado, traduzida e devidamente legalizada, será averbada à margem do assento de casamento, a publicidade já será atingida por meio desta averbação, sendo redundante exigir um registro pretérito que surtirá o mesmo fim. Até mesmo porque o § 1º do art. 100 da Lei de Registros Públicos, referindo-se às averbações no assento de casamento, afirma que "antes de averbadas, as sentenças não produzirão efeito contra terceiros."

Conforme já dito, caso a sentença estrangeira de divórcio seja consensual, porém qualificada, ou seja, que envolva disposição sobre guarda de filhos, alimentos e/ou partilha de bens, além da dissolução do matrimônio, nestas hipóteses continuará dependendo de prévia homologação pelo Superior Tribunal de Justiça.

No Estado de São Paulo, por outro lado, se a sentença estrangeira de divórcio não dispor sobre alimentos entre cônjuges ou partilha de bens, embora regulamente a guarda ou alimentos devidos aos filhos apenas enquanto menores, poderá ser averbada diretamente no registro de casamento, independentemente de prévia homologação, se no momento de sua apresentação em cartório todos os filhos já forem capazes (subitem 131.2.4 das Normas de Serviço Extrajudicial de São Paulo).

Para que o ex-cônjuge retome o nome de solteiro, deverá demonstrar a existência de disposição expressa na sentença estrangeira, exceto quando a legislação estrangeira permitir a retomada, ou quando o interessado comprovar, por documento do registro civil estrangeiro, a alteração do nome (art. 3º, Provimento 53/2016, CNJ).

Por fim, o oficial registrador tem por dever arquivar em meio físico ou mídia digital segura os documentos apresentados para a averbação da sentença estrangeira de divórcio, com referência do arquivamento à margem do respectivo assento (art. 4º, Provimento 53/2016, CNJ).

15. Registro de Óbito

A existência da pessoa natural termina com a morte, podendo esta ser real, mediante atestado médico ou testemunhal em que foi verificado o óbito com a presença do cadáver; presumida, sem decretação de ausência, se for extremamente provável a morte de quem estava em perigo de vida ou se alguém, desaparecido em campanha ou feito prisioneiro, não for encontrado até dois anos após o término da guerra; e, por fim, a morte pode ser ficta, quanto aos ausentes (arts. 6º e 7º, CC).

A morte real deve ser registrada no livro "C". No tocante a morte presumida (sem decretação de ausência), é necessário analisar as normas administrativas locais, pois há Estados que têm determinação que o registro seja lavrado no livro "C" e em outros no livro "E". A morte ficta (com decretação de ausência) nos parece mais acertado que seja lavrada no livro "E", por previsão expressa no art. 94 da Lei n. 6.015/73, que determina que o registro das sentenças declaratórias de ausência será feita no cartório do domicílio anterior do ausente, com as mesmas cautelas e efeitos do registro de interdição, ou seja, no livro "E".

Para fins didáticos, estudaremos neste capítulo as consequências jurídicas e práticas em razão dos três tipos de óbitos.

15.1. Morte Real

A morte real ocorre quando há cessação da atividade encefálica, nos termos do art. 3º da Lei n. 9.434/97 que diz:

"A retirada *post mortem* de tecidos, órgãos ou partes do corpo humano destinados a transplante ou tratamento deverá ser precedida de diagnóstico de morte encefálica, constatada e registrada por dois médicos não participantes das equipes de remoção e transplante, mediante a utilização de critérios clínicos e tecnológicos definidos por resolução do Conselho Federal de Medicina."

Ademais, o Conselho Federal de Medicina, por meio da Resolução n. 1.480/97, estabeleceu regulamentação a fim de auxiliar, com parâmetros clínicos, a constatação da morte encefálica.

Se a morte se deu com assistência médica, será realizado atestado médico mediante Declaração de Óbito (art. 1º da Lei n. 11.976/2009), o qual deverá portar o declarante para que seja lavrado o registro de óbito.

Eventuais erros na Declaração de Óbito nem sempre ensejarão a devolução ou retificação, sendo necessário analisar em que campo está o equívoco. Há lacunas que são preenchidas exclusivamente com informações médicas, por exemplo a causa da morte, local, data, hora etc., estas informações, se em descompasso com as informações prestadas pelo declarante do óbito, serão passíveis de recusa e devolução para eventual retificação.

Se os erros estiverem em lacunas preenchidas predominantemente por declarações, por exemplo, naturalidade, estado civil ou simples erros de grafia, entendemos não ser necessária a devolução da Declaração de Óbito (DO), porém, ressalvamos cautela, sendo de bom grado que seja apresentado documentação oficial comprobatória.

No Estado de Minas Gerais, por exemplo, esta situação está normatizada pelo artigo 532, § 2º, do Código de Normas, em que o oficial de registro, na hipótese de erro evidente contido na Declaração de Óbito (DO), à vista de documento original que comprove o erro ou de declaração expressa em sentido contrário firmada pelo declarante, poderá proceder ao registro com os dados corretos do registrando, arquivando cópia do documento apresentado ou a declaração, se for o caso, juntamente com o atestado.

Não havendo assistência médica, tampouco a declaração de óbito respectiva, para que seja procedido ao registro de óbito deverá comparecer, além do declarante, duas (2) pessoas qualificadas que presenciaram ou verificaram a morte (art. 77 da LRP).

Vale lembrar, conforme já estudado, que tanto o registro de nascimento quanto o registro de óbito possuem gratuidade universal, independentemente de declaração ou atestado de pobreza.

O registro de óbito deve ser lavrado pelo oficial do lugar do falecimento ou do lugar de residência do *de cujus* quando o falecimento ocorrer em local diverso do seu domicílio (princípio da territorialidade), no prazo máximo de 24 (vinte e quatro) horas a contar do óbito. Na impossibilidade de ser realizado o registro neste prazo, pela distância ou por qualquer motivo relevante, o assento será lavrado depois, com a maior urgência, e dentro de no máximo 15 (quinze) dias ou até 3 (três) meses se o óbito ocorreu a mais de 30 (trinta) quilômetros da sede do cartório (arts. 77 e 78 c/c 50 da LRP).

Após o prazo legal, é necessário se atentar às normas administrativas locais para verificar se há a necessidade de autorização judicial. No Estado de São Paulo se faz imperiosa a autorização do juiz corregedor permanente (item 92.1, cap. XVII, Tomo II, NSCGJ-SP).

O registrador deve se atentar a óbitos de crianças com menos de 1 (um) ano de idade, pois, neste caso, deverá verificar se já foi realizado o assento de nascimento; em sendo negativo, deverá proceder primeiramente ao registro de nascimento no livro "A" e posteriormente ao registro de óbito no livro "C", realizando as anotações à margem dos assentos, conforme segue:

"Art. 77, § 1º da LRP. Antes de proceder ao assento de óbito de criança de menos de 1 (um) ano, o oficial verificará se houve registro de nascimento, que, em caso de falta, será previamente feito."

Em caso de cremação de cadáver, esta somente será feita se o *de cujus*, em vida, houver manifestado a vontade de ser incinerado ou no interesse da saúde pública e se o atestado de óbito houver sido firmado por 2 (dois) médicos ou por 1 (um) médico legista e, no caso de morte violenta, depois de autorizada pela autoridade judiciária (art. 77, § 2º da Lei n. 6.015/73).

Os legitimados a declarar o óbito são (art. 79 da LRP):

"1º) o chefe de família, a respeito de sua mulher, filhos, hóspedes, agregados e fâmulos;

2º) a viúva, a respeito de seu marido, e de cada uma das pessoas indicadas no número antecedente;

3º) o filho, a respeito do pai ou da mãe; o irmão, a respeito dos irmãos e demais pessoas de casa, indicadas no nº 1; o parente mais próximo maior e presente;

4º) o administrador, diretor ou gerente de qualquer estabelecimento público ou particular, a respeito dos que nele faleceram, salvo se estiver presente algum parente em grau acima indicado;

5º) na falta de pessoa competente, nos termos dos números anteriores, a que tiver assistido aos últimos momentos do finado, o médico, o sacerdote ou vizinho que do falecimento tiver notícia;

6°) a autoridade policial, a respeito de pessoas encontradas mortas."

Por fim, o parágrafo único do artigo acima citado diz que a declaração para o registro poderá ser feita por meio de preposto, autorizando-o o declarante por escrito, de que constem os elementos necessários ao assento de óbito. Assim, o legitimado pode autorizar seu preposto, que será o declarante de fato, a proceder as declarações para o registro de óbito, desde que a autorização seja por escrito e que conste os elementos necessários ao assento de óbito. A título de exemplo, no Estado de Minas Gerais é necessário que esta autorização, se por escrito particular, seja reconhecido firma (art. 529, parágrafo único).

É preciso analisar o rol de legitimados, que é em ordem sucessiva, nos parâmetros da Constituição Federal. Com efeito, o item 1° deve ser lido que o marido pode declarar o óbito da mulher e vice-versa, sendo qualquer um deles legitimados a declarar o óbito dos filhos.

As normas administrativas do Estado de São Paulo autorizam o oficial a dispensar a ordem sucessiva dos legitimados a declarar o óbito, desde que o declarante apresente o atestado médico, ou seja, a Declaração de Óbito (DO):

"O Oficial deverá observar a ordem das pessoas obrigadas a declarar o óbito. O Oficial ficará dispensado de observar a ordem sucessiva de pessoas obrigadas a declarar o óbito se for apresentado o respectivo atestado médico (DO). Neste caso, qualquer apresentante estará legitimado a efetuar a declaração" (subitens 93.2 e 93.3, cap. XVII, Tomo II, NSCGJ-SP).

São requisitos do assento de óbito (art. 80 da LRP):

"1º) a hora, se possível, dia, mês e ano do falecimento;

2º) o lugar do falecimento, com indicação precisa;

3º) o prenome, nome, sexo, idade, cor, estado, profissão, naturalidade, domicílio e residência do morto;

4º) se era casado, o nome do cônjuge sobrevivente, mesmo quando desquitado; se viúvo, o do cônjuge pré-defunto; e o cartório de casamento em ambos os casos;

5º) os nomes, prenomes, profissão, naturalidade e residência dos pais;

6º) se faleceu com testamento conhecido;

7º) se deixou filhos, nome e idade de cada um;

8º) se a morte foi natural ou violenta e a causa conhecida, com o nome dos atestantes;

9º) lugar do sepultamento;

10º) se deixou bens e herdeiros menores ou interditos;

11º) se era eleitor.

12º) pelo menos uma das informações a seguir arroladas: número de inscrição do PIS/PASEP; número de inscrição no Instituto Nacional do Seguro Social - INSS, se contribuinte individual; número de benefício previdenciário - NB, se a pessoa falecida for titular de qualquer benefício pago pelo INSS; número do CPF; número de registro da Carteira de Identidade e respectivo órgão emissor; número do título de eleitor; número do registro de nascimento, com informação do livro, da folha e do termo; número e série da Carteira de Trabalho."

Também é necessário constar a data de nascimento, haja vista que o art. 68 da Lei n. 8.212/91 afirma que o registrador deverá comunicar ao INSS até o dia 10 (dez) de cada mês a relação de registros de óbitos ocorridos no mês anterior, devendo constar a data de nascimento. Ademais, o oficial de registro civil comunicará o óbito à Receita Federal e à Secretaria de Segurança Pública da unidade da federação que tenha emitido a cédula de identidade, exceto se, em razão da idade do falecido, essa informação for manifestamente desnecessária (art. 80, parágrafo único da Lei n. 6.015/73).

Há normas administrativas locais que autorizam ainda que conste se o *de cujus* vivia em união estável (item 94, "d", cap. XVII, Tomo II, NSCGJ-SP) e o número identificador da declaração de óbito.

Sendo o finado desconhecido, o assento deverá conter declaração de estatura ou medida, se for possível, cor, sinais aparentes, idade presumida, vestuário e qualquer outra indicação que possa auxiliar no futuro o seu reconhecimento; e, no caso de ter sido encontrado morto, serão mencionados esta circunstância e o lugar em que se achava e o da necropsia, se tiver havido (art. 81 da LRP).

Por serem muitos os requisitos a se constar no assento, é comum que as normas administrativas estaduais autorizem a lavratura do assento com ausência de dados, desde que com a ressalva de que o declarante ignora os elementos faltantes. É o caso de São Paulo, que prevê no item 95, cap. XVII, Tomo II das NSCGJ-SP: "quando não for possível fazer constar do assento de óbito todos os elementos referidos no item anterior, o Oficial fará menção, no corpo do registro, de que o declarante ignorava os elementos faltantes."

O assento será lido em voz alta e assinado pelo declarante, devidamente qualificado e identificado por documento oficial e, caso não tenha a declaração médica, por mais duas pessoas qualificadas que tiverem presenciado ou verificado a morte. Se o declarante não souber ou não puder assinar, nos termos do art. 82 da LRP, deverá ser assinado por alguém a seu rogo.

O registro de óbito deve ser lavrado anteriormente ao sepultamento, porém, caso haja o sepultamento primeiro, não haverá qualquer consequência jurídica, desde que respeitado o prazo máximo de 15 (quinze) dias entre a data do óbito e o registro. Conforme já vimos, ultrapassado o prazo será necessária a autorização judicial para a lavratura do assento. Neste sentido, o art. 83 da Lei de Registros Públicos afirma que se o assento for posterior ao enterro, faltando atestado de médico ou de duas pessoas qualificadas, assinarão, com a que fizer a declaração, duas testemunhas que tiverem assistido ao falecimento ou ao funeral e puderem atestar, por conhecimento próprio ou por informação que tiverem colhido, a identidade do cadáver. Com efeito, se for apresentada a Declaração de Óbito (DO) extraída por médico, não haverá necessidade de testemunhas, ainda que o registro de óbito seja posterior ao enterro, mas sim tão somente a presença do declarante.

15.2. Morte Presumida

A morte presumida (sem decretação de ausência) é aquela em que não há cadáver, porém é extremamente provável a morte de quem estava em perigo de vida ou desaparecido em campanha ou feito prisioneiro e não for encontrado até dois anos após o término da guerra (art. 7º e incisos, CC), e somente poderá ser requerida a declaração de morte depois de esgotadas as buscas e averiguações.

O requerimento ocorre por meio de processo judicial (ação de justificação de óbito), com a consequente prolação da sentença que fixará a data provável do falecimento (art. 7º parágrafo único, CC).

Segundo Flávio Tartuce:

"Nos casos de justificação, há uma presunção a respeito da própria existência da morte, não sendo necessário o aguardo do longo prazo previsto para a ausência. Assim, expede-se imediatamente a certidão de óbito, preenchidos os seus requisitos" (2014, p. 122).

Conforme já esboçado, há divergências entre as unidades da federação, variando se o livro competente é o "C" ou "E". Também há divergência nos requisitos a se constar no assento.

Segundo o Código de Normas da Corregedoria Geral da Justiça do Estado da Paraíba, art. 622, parágrafo único, "será registrada no Livro "E" a morte presumida sem declaração de ausência, à vista de mandado judicial contendo os elementos do art. 616 deste Código." Portanto, a morte presumida no Estado da Paraíba será registrada no livro "E".

Diferente, na Consolidação Normativa Notarial e Registral do Estado do Rio Grande do Sul, no art. 183, prevê que "a morte presumida será registrada no Livro "C" - registro de óbitos." No Estado de São Paulo, as Normas de Serviço da Corregedoria Geral, subitem 97, cap. XVII, Tomo II, preveem que:

"Será lavrado no Livro C, o assento de óbito de pessoa desaparecida em naufrágio, inundação, incêndio, terremoto ou qualquer outra catástrofe, mediante o cumprimento de mandado judicial, expedido nos autos de justificação, quando esteja provada a presença daquela pessoa no local do desastre e não for possível encontrar-se o cadáver para exame."

Neste mesmo sentido é o Código de Normas de Minas Gerais, que no art. 539 assevera que "será registrada no Livro "C" a morte presumida sem declaração de ausência, à vista de mandado judicial contendo os elementos do art. 533 deste Provimento."

Portanto, parece-nos que a maioria das consolidações normativas estaduais determinam o registro da morte presumida, sem decretação de ausência, no livro "C". Mas, mais uma vez, é necessário que o estudioso se aprofunde nas normas locais para verificar qual a regulamentação administrativa para cada caso.

15.3. Morte Ficta (ou Morte Presumida Com Decretação de Ausência)

O registro da ausência será lavrado no livro "E" (art. 94 da LRP), presumindo-se a morte nos casos em que a lei autoriza a abertura da sucessão definitiva (art. 6º, CC).

O art. 22 do Código Civil nos traz a definição do ausente, sendo a pessoa que desapareceu do seu domicílio, sem dela haver notícia, não deixando representante ou procurador a quem caiba administrar seus bens.

Assim, a sentença que declarar a ausência e nomear curador será registrada no cartório do domicílio anterior do ausente, constando-se (art. 94, LRP):

"1º) data do registro;

2º) nome, idade, estado civil, profissão e domicílio anterior do ausente, data e cartório em que foram registrados o nascimento e o casamento, bem como o nome do cônjuge, se for casado;

3º) tempo de ausência até a data da sentença;

4º) nome do promotor do processo;

5º) data da sentença, nome e vara do Juiz que a proferiu;

6º) nome, estado, profissão, domicílio e residência do curador e os limites da curatela."

No assento de ausência, será averbada a sentença de abertura da sucessão provisória após o trânsito em julgado (art. 104, parágrafo único, LRP). A averbação será feita mediante a indicação minuciosa da sentença ou ato que a determinar (art. 99, LRP).

Todavia, a lei é omissa se a sentença que concede a abertura da sucessão definitiva será objeto de novo registro (no livro "C" ou "E") ou averbada no registro da sentença declaratória de ausência. Por isso, é imperioso que se estude novamente as normas locais.

No Estado de São Paulo o subitem 130.1, cap. XVII, Tomo II das NSCGJ-SP, determina que se deve averbar no assento de ausência a sentença de abertura da sucessão provisória, bem como a sentença que determina a abertura da sucessão definitiva, conforme segue:

> "Será averbada, também, no assento de ausência a sentença de abertura de sucessão provisória, após o trânsito em julgado, com referência especial ao testamento do ausente, se houver, e indicação de seus herdeiros habilitados, bem como a sentença que determinar a abertura da sucessão definitiva."

Porém, o item 112, cap. XVII, Tomo II das NSCGJ-SP, também determina o seu registro no livro "E", conforme segue:

> "O registro das sentenças de declaração de morte presumida será feito no Livro "E" do Registro Civil das Pessoas Naturais do 1º Subdistrito da Comarca onde o ausente teve seu último domicílio, com as mesmas cautelas e efeitos do registro da ausência, fazendo constar:
>
> a) data do registro;

b) nome, idade, estado civil, profissão e domicílio anterior do ausente, data e Registro Civil das Pessoas Naturais em que forem registrados nascimento e casamento, bem como nome do cônjuge, se for casado;

c) nome do requerente do processo;

d) data da sentença, Vara e nome do Juiz que a proferiu;

e) data provável do falecimento."

Em sentido diametralmente oposto, a Consolidação Normativa Notarial e Registral da Corregedoria Geral da Justiça do Estado do Rio Grande do Sul determina, por meio dos artigos 183 e 184, que o registro da morte presumida com decretação de ausência deve se dar no livro "C".

16. Registro de Natimorto

O registro de natimorto será lavrado no livro "C Auxiliar", com os elementos que couberem (art. 53, § 1º da Lei n. 6.015/73). É um misto de registro de nascimento com óbito, devendo constar os dados cabíveis tanto de um quanto de outro, sendo legitimados a declarar as mesmas pessoas do registro de nascimento.

A definição de natimorto pode ser extraída da página 26 do "Manual de Instruções para o preenchimento da Declaração de Nascido Vivo"[2] do Ministério da Saúde, em que qualifica o óbito fetal da seguinte forma:

> "É a morte de um produto da concepção, antes da expulsão ou da extração completa do corpo da Mãe, independentemente da duração da gravidez. Indica o óbito o fato de o feto, depois da separação, não respirar nem apresentar nenhum outro sinal de vida, como batimentos do coração, pulsações do cordão umbilical ou movimentos efetivos dos músculos de contração voluntária."

Somente este conceito é insuficiente para diferenciar óbito fetal de aborto. Diante disso, será óbito fetal quando encaixar na definição regulamentada pelo art. 19, III da Portaria n. 116/2009 do Ministério da Saúde[3], que diz:

---

[2] Disponível em: http://www.saude.ms.gov.br/wp-content/uploads/sites/88/2015/11/inst_dn.pdf
[3] Disponível em: http://bvsms.saude.gov.br/bvs/saudelegis/svs/2009/prt0116_11_02_2009.html

"Nos óbitos fetais, os médicos que prestaram assistência à mãe ficam obrigados a fornecer a DO quando a gestação tiver duração igual ou superior a 20 (vinte) semanas, ou o feto tiver peso corporal igual ou superior a 500 (quinhentos) gramas, e/ou estatura igual ou superior a 25 (vinte e cinco) centímetros."

Portanto, a gestação com duração menor a 20 (vinte) semanas, ou o feto tiver peso corporal inferior a 500 (quinhentos) gramas e/ou estatura inferior a 25 (vinte e cinco) centímetros, não será considerado óbito fetal, mas sim aborto, e não serão registrados em cartório.

Questão interessante que surge é se o prazo de 24 (vinte e quatro) horas para o registro de óbito se aplicaria ao registro de natimorto. Entendemos que não. Não se justifica um prazo tão exíguo para se declarar este assento depois de todas as intempéries percorridas, afrontando a proporcionalidade e a razoabilidade.

O prazo comum, legalmente previsto para o registro de óbito é de 24 (vinte e quatro) horas a contar do falecimento, mas pela distância ou qualquer outro motivo relevante será ampliado para 15 (quinze) dias ou até 3 (três) meses para os lugares distantes mais de 30 (trinta) quilômetros da sede do cartório.

Mas e se ainda assim extrapolar o prazo máximo de 15 (quinze) dias, como deverá proceder o oficial? Entendemos que por se tratar de um misto de nascimento e óbito, aplica-se predominantemente as regras referentes ao registro de nascimento. Parece ser essa a intenção do legislador visto que os artigos que tratam do assunto estão inseridos no capítulo IV denominado "Do Nascimento" da Lei de Registros Públicos.

Ademais, o art. 54 da LRP diz que no assento de nascimento deverá conter "a declaração de que nasceu morta, ou morreu no ato ou logo depois do parto" (item 5º). Na prática esta exigência não se faz presente, pois se a criança nasceu morta será registrada no livro "C Auxiliar", sendo assento de natimorto; e, se morreu logo depois do parto, será feito assento de óbito no livro "C", com remissões recíprocas entre os assentos, anotando-se o óbito, portanto, no registro de nascimento. Todavia, esta previsão demonstra que a natureza jurídica do registro de natimorto tem intrinsicamente forte carga de registro de nascimento, sendo plenamente defensável aplicar as normas, no que for compatível, do registro de nascimento.

Assim, *mutatis mutandis*, o Provimento n. 28/2013 do Conselho Nacional de Justiça, no art. 7º, no que se refere ao registro de nascimento tardio de crianças menores de 12 (doze) anos de idade, dispensa qualquer requerimento por escrito e o comparecimento de testemunhas, se for apresentada a Declaração de Nascido Vivo (DNV). Deve-se aplicar o mesmo raciocínio para o registro de natimorto, visto que, apresentada a Declaração de Óbito (DO) fetal, não será exigido requerimento, testemunhas ou autorização judicial.

Por exemplo, no Estado de São Paulo, as normas administrativas determinam que ultrapassados os prazos para o registro de óbito (frise-se, registro de óbito e não de natimorto), deverá o oficial requerer autorização judicial para lavratura tardia (subitem 92.1, cap. XVII, Tomo II, NSCGJ-SP). A saber:

> "Ultrapassados os prazos acima estipulados para o registro do óbito, o Oficial deverá requerer a autorização do Juiz Corregedor Permanente."

Como sempre, reiteramos atenção às normas locais, pois se houver determinações divergentes, compete ao oficial, como profissional do direito e tendo por dever cumprir as normas administrativas, cumpri-las integralmente, sob pena de infração disciplinar (art. 31, V e 30, XIV da Lei n. 8.935/94).

Outro ponto muito debatido na doutrina registral é acerca da possibilidade de atribuir nome ao natimorto. Entendemos plenamente possível e no mesmo sentido é o enunciado n. 1 da I Jornada de Direito Civil do Conselho da Justiça Federal, que diz: "A proteção que o Código defere ao nascituro alcança o natimorto no que concerne aos direitos da personalidade, tais como: nome, imagem e sepultura."

No que se refere às teorias de aquisição da personalidade jurídica, existem duas teorias principais: natalista e concepcionista. No direito brasileiro há divergência a respeito de qual foi a teoria adotada pelo Código Civil, haja vista que a redação é dúbia, pois o art. 2º diz que "a personalidade civil da pessoa começa do nascimento com vida; mas a lei põe a salvo, desde a concepção, os direitos do nascituro."

Para a teoria natalista a personalidade jurídica se inicia a partir do nascimento com vida, não fazendo distinção entre direito material e formal. Em sentido oposto, a teoria concepcionista apregoa que o nascituro possui direito formal e material a partir da concepção.

Modernamente surgiu uma terceira teoria, intermediária, moderada ou mista, que mescla parte da teoria natalista com a teoria concepcionista, fazendo distinção entre direito material e formal. Com efeito, para esta terceira teoria, o nascituro não possui direitos materiais, ou seja, em relação aos direitos patrimoniais é essencial que nasça com vida, ao passo que a obtenção de direitos formais, ligados aos direitos da personalidade, é garantida desde à concepção.

O nome é um direito da personalidade. Nesse diapasão, a Corregedoria Geral da Justiça do Estado de São Paulo autorizou a atribuição facultativa de nome ao natimorto (item 32, capítulo XVII, Tomo II, NSCGJ-SP).

17. Registro de Emancipação

Para conceituar o instituto da emancipação, podemos aproveitar os ensinamentos de Flávio Tartuce:

"[...] como sendo o ato jurídico que antecipa os *efeitos da aquisição da maioridade* e da consequentemente capacidade civil plena, para data anterior àquela em que o menor atinge a idade de 18 anos, para fins civis. *Com a emancipação, o menor deixa de ser incapaz e passa a ser capaz. Todavia, ele não deixa de ser menor*" (2014, p. 83).

A emancipação será registrada no livro "E" do Registro Civil das Pessoas Naturais da Sede da Comarca ou 1ª Subdistrito (há normas locais que intitulam por "1º Ofício" ou "1ª Subdivisão" etc.) em relação ao menor nela domiciliado, a qual poderá ocorrer por força da lei, decisão judicial ou ser voluntária.

Tem como hipóteses de emancipação legal o casamento, exercício de emprego público efetivo, colação de grau em curso de ensino superior, ou, por fim, pelo estabelecimento civil ou comercial, ou pela existência de relação de emprego, desde que, em função deles, o menor com dezesseis anos completos tenha economia própria (art. 5º, II a V, CC).

Lembrando que o casamento do menor entre 16 (dezesseis) e 18 (dezoito) anos necessita de autorização dos pais ou representantes legais e se menor de 16 (dezesseis) anos, apenas com autorização judicial em caso de gravidez.

A emancipação judicial poderá ocorrer em 2 (duas) situações distintas, desde que o menor tenha 16 (dezesseis) anos completos, quando não houver concordância dos pais (art. 1.631, parágrafo único, CC) ou quando o emancipando estiver sob tutela (art. 5º, parágrafo único, inciso I, parte final, CC).

A emancipação deferida por decisão judicial ingressará nos registros públicos nos termos do art. 9º, II, parte final do Código Civil, devendo o juiz que concedeu a emancipação, de ofício, comunicar ao oficial de registro. O juiz só realizará esta comunicação se ultrapassados 8 (oito) dias e não constar dos autos que o registro foi lavrado (art. 91 da LRP).

Por fim, a emancipação pode ser voluntária, a qual será por concessão dos pais ou de um deles na falta do outro, mediante instrumento público, independentemente de homologação judicial.

Portanto, o instrumento hábil a ingressar nos registros públicos, no caso de emancipação voluntária, é a escritura pública.

Os requisitos que devem constar no assento de emancipação estão contidos no art. 90 da Lei n. 6.015/73 e seus itens podem ser esmiuçados da seguinte forma:

"1º) data do registro e da emancipação."

A emancipação só produz efeitos a partir do registro, por isso é fundamental constar a data do registro (art. 91, parágrafo único, LRP).

"2º) nome, prenome, idade, filiação, profissão, naturalidade e residência do emancipado; data e cartório em que foi registrado o seu nascimento."

Refere-se à individualização do emancipando.

A parte final, ou seja, a data e o cartório em que registrado o nascimento, não é regra rígida, podendo ser flexibilizada se da escritura pública de emancipação constar a matrícula do assento de nascimento, outras referências ou meios pelos quais seja possível localizá-lo e proceder à comunicação ou anotação (art. 106, LRP).

"3º) nome, profissão, naturalidade e residência dos pais ou do tutor."

Se destina, predominantemente, também à individualização do emancipando.

Se o registro de emancipação for em decorrência de escritura pública, deverá ainda conter as referências de data, livro, folha e ofício em que foi lavrada, bem como a assinatura do apresentante.

Isto se justifica para que se possa, eventualmente, localizar a escritura pública que deu origem ao ato de registro, facilitando eventual futura certidão do tabelião de notas respectivo. No tocante à assinatura do apresentante, este é um requisito imprescindível.

Não é necessário requerimento por escrito por parte do apresentante, muito embora seja comum que as escrituras públicas contenham a fórmula de que os outorgantes desde já autorizam a lavratura do assento.

Portanto, é perfeitamente aplicável o estabelecido no art. 13, II, LRP, em que o requerimento pelo interessado pode ser verbal, todavia, por expressa previsão no art. 90 da LRP, reafirmamos que deverá constar a assinatura do apresentante no termo de emancipação.

Se o ato que irá dar origem à lavratura de assento de emancipação for decorrente de ordem judicial, por óbvio, não será necessária a coleta da assinatura do apresentante.

Por fim, quando o registro da emancipação se der por ordem judicial, será feito mediante trasladação da sentença oferecida em certidão ou do instrumento, por exemplo, mandado judicial.

18. Registro de Interdição

A interdição será registrada nos mesmos moldes da emancipação, ou seja, no livro "E" do 1º Cartório da Comarca em que domiciliado o interditado (art. 92 c/c 89 da LRP).

O registro será sempre em decorrência de ordem judicial, que será remetida pelo juiz, de ofício, ao cartório de registro civil das pessoas naturais com atribuição para tanto, se o curador ou promovente não o tiver feito dentro de oito (8) dias.

Para Mario de Carvalho Camargo Neto e Marcelo Salaroli de Oliveira, não deve ficar legitimado para requerer o registro de interdição apenas o curador e o promovente, conforme segue a tese com excelente didática:

> "[...] não parece ser esta a regra de legitimação por dois motivos: o primeiro porque o registro da interdição interessa a terceiros que tenham relações sociais e econômicas com o interdito, que não poderiam ficar a mercê da vontade do curador ou do promovente; o segundo porque a interdição decorre de sentença, havendo ordem judicial para seu registro, o que por si só bastaria para atender o disposto no art. 13 anterior mencionado. Dessa forma, qualquer pessoa munida da ordem judicial de registro da interdição é legitimada para solicitar o registro" (2014, II, p. 158).

São requisitos que devem estar presentes no assento de registro de interdição (art. 92, LRP):

"1º) data do registro;

2º) nome, prenome, idade, estado civil, profissão, naturalidade, domicílio e residência do interdito, data e cartório em que forem registrados o nascimento e o casamento, bem como o nome do cônjuge, se for casado;

3º) data da sentença, nome e vara do Juiz que a proferiu;

4º) nome, profissão, estado civil, domicílio e residência do curador;

5º) nome do requerente da interdição e causa desta;

6º) limites da curadoria, quando for parcial a interdição;

7º) lugar onde está internado o interdito."

O item 2º, em que consta "data e cartório em que forem registrados o nascimento e o casamento, bem como o nome do cônjuge, se for casado", pode ser flexibilizado, pois o intuito da legislação, nesse contexto, foi permitir a comunicação ou anotação nos assentos anteriores. Portanto, se constar da ordem judicial as matrículas dos assentos ou outros elementos que possam identificar as localizações dos assentos anteriores, seja de nascimento ou casamento, o título deve ser qualificado positivamente para ingresso nos registros públicos.

É imprescindível que o oficial, assim que realizado o registro de interdição, comunique ao juízo que expediu a ordem, a fim de cumprir o disposto no art. 93, parágrafo único da LRP, uma vez que "antes de registrada a sentença, não poderá o curador assinar o respectivo termo."

Os demais atos que se fizerem inerentes à interdição, como as sentenças que puserem termo à interdição, substituição de curadores, alteração dos limites da curatela, cessação ou mudança do local de internação, deverão ser averbados à margem do registro de interdição (art. 104, LRP) e comunicadas ou anotadas nos assentos anteriores (art. 106, LRP).

19. Registro ou Averbação de Tutela

Não há menção na Lei de Registros Públicos sobre o registro ou a averbação da tutela, pairando dúvidas se ingressaria ou não nos registros públicos. A posição dominante é que tutela deve ter acesso ao fólio registral, isso porque a Lei n. 8.935/94, prevê como titular dos serviços de registro os oficiais de registro civis das pessoas naturais e de interdições e tutelas (art. 5º, VI, da lei citada).

Os filhos menores serão postos em tutela com o falecimento dos pais ou sendo estes julgados ausentes, ou caso os pais decaírem do poder familiar (art. 1.728, I e II, Código Civil). Diante disso, as crianças ou adolescentes serão colocados em família substituta, nos termos do art. 28 do Estatuto da Criança e do Adolescente.

As normas administrativas de cada unidade da federação disciplinam se deve ser procedido o registro da tutela no livro "E", com a anotação no assento de nascimento, ou se somente será averbada no registro de nascimento.

No Estado de São Paulo, o item 125, cap. XVII, Tomo II das NSCGJ-SP, prevê que as sentenças de tutela com nomeação de tutor serão realizadas mediante averbação no Registro Civil das Pessoas Naturais em que registrou o nascimento do tutelado. O mesmo pode-se verificar no item 122, alínea "g", capítulo XVII das Normas de Serviço do Extrajudicial. No mesmo sentido é o Código de Normas do Serviço Extrajudicial do Estado de Minas Gerais, conforme previsão no subitem 115.3 do capítulo V, não sendo necessário qualquer registro no livro "E" de forma pretérita.

De qualquer forma, é imperiosa a recomendação que o leitor se volte para as normas administrativas locais a fim de averiguar se é necessário o registro no livro "E" de forma pretérita e posterior comunicação ou anotação no assento de nascimento, ou se a tutela somente será averbada no registro de nascimento.

20. Registro de União Estável

A regulamentação acerca do registro de união estável e as suas consequências práticas e jurídicas foi definida pelo Provimento n. 37 do Conselho Nacional de Justiça, datado de 07 de julho de 2014.

Primeiramente, é necessário que se esclareça, conforme já explicitado neste livro, que a união estável pode ser mantida independentemente do sexo dos conviventes, sendo registrada no livro "E" pelo Oficial do Registro Civil das Pessoas Naturais da Sede ou do 1º Subdistrito da Comarca em que os companheiros têm ou tiveram seu último domicílio, em decorrência de sentença declaratória ou de escritura pública.

O registro de união estável é facultativo e dele deverá constar, segundo o art. 2º do provimento citado, os seguintes requisitos:

"a) a data do registro;

b) o prenome e o sobrenome, a data de nascimento, a profissão, a indicação da numeração da Cédula de Identidade, o domicílio e residência de cada companheiro, e o CPF se houver;

c) prenomes e sobrenomes dos pais;

d) a indicação das datas e dos Ofícios de Registro Civil das Pessoas Naturais em que foram registrados os nascimentos das partes, os seus casamentos ou uniões estáveis anteriores, assim como os óbitos de seus anteriores cônjuges ou companheiros, quando houver, ou os respectivos divórcios ou separações judiciais ou extrajudiciais se foram anteriormente casados;

e) data do trânsito em julgado da sentença ou do acórdão, número do processo, Juízo e nome do Juiz que a proferiu ou do Desembargador que o relatou, quando o caso;

f) data da escritura pública, mencionando-se no último caso, o livro, a página e o Tabelionato onde foi lavrado o ato;

g) regime de bens dos companheiros, ou consignação de que não especificado na respectiva escritura pública ou sentença declaratória."

No Estado de São Paulo, deve constar, inclusive, o nome que os companheiros passam a ter em virtude da união estável (item 113, alínea "h", cap. XVII, Tomo II, NSCGJ-SP). Tratamento idêntico foi dado pela Consolidação Normativa Notarial e Registral (CNNR) do Estado do Estado do Rio Grande do Sul, com previsão art. 210-B, alínea "h".

Os oficiais de registro devem arquivar, em meio físico ou mídia digital segura, os documentos apresentados para o registro da união estável e de sua dissolução, com referência do arquivamento à margem do respectivo assento, de forma a permitir sua localização

Quando o estado civil dos companheiros não constar da escritura pública, deverão ser exigidas e arquivadas as respectivas certidões de nascimento, ou de casamento com averbação do divórcio, ou da separação judicial ou extrajudicial, ou de óbito do cônjuge se o companheiro for viúvo, exceto se mantidos esses assentos no Registro Civil das Pessoas Naturais em que registrada a união estável, hipótese em que bastará sua consulta direta pelo Oficial de Registro. Com efeito, se o estado civil não constar da escritura pública, não deverá, *a priori*, ser causa de devolução ou qualificação negativa de registro, desde que possa ser provado por documentos oficiais, tais quais certidão de nascimento, de casamento com averbação do divórcio ou da separação judicial ou extrajudicial, ou de óbito se o convivente for viúvo, exceto se o assento que prova o estado civil estiver mantido na mesma Serventia, hipótese em que bastará sua consulta direta pelo oficial.

Nos parece justificável, por força da segurança que deve imperar nos registros públicos, que as certidões comprobatórias do estado civil sejam expedidas posteriormente à escritura pública.

De qualquer forma, não poderá ser promovido o registro, no Livro "E", de união estável de pessoas casadas, ainda que separadas de fato, exceto se separadas judicialmente ou extrajudicialmente, ou se a declaração da união estável decorrer de sentença judicial transitada em julgado (art. 8°, Provimento n. 37/2014, CNJ). Portanto, não basta a separação de fato para que se permita o ingresso do registro da união estável. É preciso mais. É necessária a separação judicial ou extrajudicial da pessoa casada, ou então que o reconhecimento da união estável tenha decorrido de sentença judicial transitada em julgado.

O art. 5° do provimento referido, diz que "o registro de união estável decorrente de escritura pública de reconhecimento ou extinção produzirá efeitos patrimoniais entre os companheiros, não prejudicando terceiros que não tiverem participado da escritura pública." A interpretação que podemos concluir deste artigo é que o registro da união estável não produzirá efeitos pretéritos, prejudicando terceiros. Após o registro, não há como terceiros se esquivarem dos efeitos, uma vez que, por força da publicidade inerente aos registros públicos, o registro terá eficácia *erga omnes*.

Após o registro, nos termos do art. 106 da LRP, o oficial deverá anotar o registro da união estável nos atos anteriores, com remissões recíprocas, se lançados em seu Registro Civil das Pessoas Naturais, ou comunicá-los ao Oficial do Registro Civil das Pessoas Naturais em que estiverem os registros primitivos dos companheiros.

Ademais, à margem do próprio assento de união estável será anotado o óbito, o casamento, a constituição de nova união estável e a interdição dos companheiros, que lhe serão comunicados pelo Oficial de Registro que realizar esses registros, se efetivados em cartório distinto do que registrou a união estável, fazendo constar o conteúdo dessas anotações em todas as certidões que forem expedidas.

A dissolução será procedida mediante averbação à margem do registro de união estável, se esta tiver sido registrada preteritamente. Se a união estável não tinha sido registrada anteriormente, não será exigível o seu prévio registro para que depois seja registrada a sua dissolução, devendo, nessa hipótese, constar do registro somente a data da escritura pública de dissolução (art. 7º e § 1º, do provimento referido).

Se por outro lado a sentença em que foi declarada a dissolução da união estável fizer menção ao período em que foi mantida, deverá ser promovido o registro da referida união estável e, na sequência, a averbação de sua dissolução (art. 7º, § 2º, do provimento referido).

Reiteramos que o Código Civil reconhece a união estável entre pessoas casadas, desde que separadas de fato ou judicialmente (art. 1.723, § 1º, parte final, CC), todavia, por força normativa do Provimento n. 37, art. 8º, CNJ, não poderá ser promovido o registro de união estável de pessoas casadas no Livro "E", ainda que separadas de fato, exceto se separadas judicialmente ou extrajudicialmente, ou se a declaração da união estável decorrer de sentença judicial transitada em julgado. Portanto, é permitido ao convivente separado de fato registrar a união estável somente se esta decorrer de sentença judicial transitada em julgado.

Por fim, o art. 9º do provimento citado traz regra de efeito prático salutar, pois visa evitar que terceiros de posse da certidão extraída do registro de união estável a confunda com certidão de casamento por conversão de união estável. Assim, "em todas as certidões relativas ao registro de união estável no Livro "E" constará advertência expressa de que esse registro não produz os efeitos da conversão da união estável em casamento."

21. Traslados de Assentos Estrangeiros de Brasileiros

A normatização dos traslados de assentos estrangeiros de nascimento, casamento e óbito foi disciplinada pela Resolução n. 155 do Conselho Nacional de Justiça, datada de 16 de julho de 2012.

Qualquer destes 3 (três) assentos lavrados por autoridade consular brasileira, nos termos do regulamento consular, ou por autoridade estrangeira competente, a que se refere o caput do art. 32 da Lei n. 6.015/1973, será efetuado no Livro "E" do 1º Ofício de Registro Civil de Pessoas Naturais da Comarca do domicílio do interessado ou do 1º Ofício de Registro Civil de Pessoas Naturais do Distrito Federal, sem a necessidade de autorização judicial.

Frise-se que o traslado será realizado independentemente de autorização judicial, uma vez que o oficial é profissional do direito, dotado de fé pública, plenamente qualificado para analisar os documentos e verificar se o título está apto a transcrição de acordo com a legislação pátria e regulamentação administrativa.

Se os assentos de nascimento, casamento e óbito foram lavrados por autoridade estrangeira, antes de serem trasladados no Brasil, deverão ser legalizados por autoridade consular brasileira com atribuição territorial sobre o local em que foram emitidas. Após, serão traduzidas por tradutor público juramentado inscrito em junta comercial brasileira.

Conceituando o que é legalização efetuada por autoridade consular, o art. 2º, § 2º da resolução citada, nos informa que consiste no reconhecimento da assinatura de notário ou autoridade estrangeira competente aposta em documento original ou fotocópia autenticada ou na declaração de autenticidade de documento original não assinado, nos termos do regulamento consular. O reconhecimento da assinatura da autoridade consular brasileira no documento é dispensado, conforme previsto no art. 2º do Decreto nº 84.451/1980.

Atualmente, com o Decreto n. 8.660/2016, que promulgou a Convenção sobre a Eliminação da Exigência de Legalização de Documentos Públicos Estrangeiros, firmada pela República Federativa do Brasil, em Haia, em 5 de outubro de 1.961, o Brasil deverá recepcionar todo documento devidamente legalizado nos termos da Convenção de Haia. Ademais, os oficiais deverão observar a eventual existência de acordos multilaterais ou bilaterais dos quais o Brasil faça parte, que prevejam a dispensa de legalização de documentos públicos originados em um Estado a serem apresentados no território do outro Estado, ou a facilitação dos trâmites para a sua legalização (art. 2º, § 3º, da resolução citada).

Para que se proceda ao traslado dos assentos, é imprescindível que o requerente apresente todos os documentos originais, muito embora o oficial possa arquivar cópias reprográficas, desde que, por óbvio, conferidas com o original.

Os assentos deverão ser trasladados ainda que o requerente relate eventual necessidade de retificação de seu conteúdo, sendo que, após a transcrição, poderá ser realizada a retificação administrativa dos erros que não exijam qualquer indagação para a constatação imediata de necessidade de sua correção (art. 110 da Lei n. 6.015/73) e para os demais erros aplica-se o art. 109 da LRP.

As certidões após os registros efetuados nos termos da resolução citada, deverão ser extraídas nos moldes do disciplinado pelo Provimento n. 63/2017 do Conselho Nacional de Justiça.

Se por qualquer motivo for qualificado negativamente a transcrição do assento estrangeiro, ou seja, for indeferido pelo oficial, este deverá apresentar nota com os motivos do indeferimento, nos termos dos artigos 198 c/c 296 da Lei n. 6.015/73.

21.1. Traslado de Nascimento

É necessário diferenciar se o traslado é oriundo de autoridade estrangeira competente, sem registro prévio em repartição consular brasileira daquele que foi previamente registrado.

Para o traslado de nascimento lavrado por autoridade consular brasileira, os requisitos para a transcrição do assento constam do art. 7º da Resolução n. 155 do CNJ, em que deverá ser apresentado os seguintes documentos perante o oficial de registro:

"a) certidão de assento de nascimento emitida por autoridade consular brasileira;

b) declaração de domicílio do registrando na Comarca ou comprovante de residência/domicílio, a critério do interessado. Na falta de domicílio no Brasil, o traslado deverá ser efetuado no 1º Ofício do Distrito Federal; e

c) requerimento assinado pelo registrado, por um dos seus genitores, pelo responsável legal ou por procurador."

Feito isso, deverá o assento ser trasladado e expedida a respectiva certidão, sendo que em ambos deverá constar a seguinte observação: "Brasileiro nato, conforme os termos da alínea c do inciso I do art. 12, in limine, da Constituição Federal."

Diferentemente, os assentos estrangeiros de brasileiros que não tenham sido registrados em repartição consular competente, para a transcrição na Serventia de Registro Civil, devem ser apresentados os seguintes documentos (art. 8º da referida resolução):

"a) certidão do assento estrangeiro de nascimento, legalizada por autoridade consular brasileira e traduzida por tradutor público juramentado;

b) declaração de domicílio do registrando na Comarca ou comprovante de residência/domicílio, a critério do interessado. Na falta de domicílio no Brasil, o traslado deverá ser efetuado no 1º Ofício do Distrito Federal;

c) requerimento assinado pelo registrado, por um dos seus genitores, pelo responsável legal ou por procurador; e

d) documento que comprove a nacionalidade brasileira de um dos genitores."

Neste caso, do assento e da respetiva certidão deverá constar a observação: "Nos termos do artigo 12, inciso I, alínea "c", in fine, da Constituição Federal, a confirmação da nacionalidade brasileira depende de residência no Brasil e de opção, depois de atingida a maioridade, em qualquer tempo, pela nacionalidade brasileira, perante a Justiça Federal."

O art. 129 da LRP, no item 6º, menciona que, para os documentos estrangeiros surtirem efeitos, deverão, acompanhados das respectivas traduções, ser registrados no Registro de Títulos e Documentos.

Entendemos que a Resolução citada dispensou propositalmente este registro na Serventia de Títulos e Documentos, haja vista que o traslado, registrando-se no

Registro Civil das Pessoas Naturais, já estará surtindo efeitos *erga omnes*, sendo despiciendo obrigar o requerente a dois registros com a mesma finalidade.

Os assentos estrangeiros de brasileiros lavrados pela autoridade estrangeira competente obedecerão às legislações alienígenas, por isso, a omissão de qualquer requisito previsto no art. 54 da LRP não obstará a transcrição, podendo, nos termos do parágrafo único do art. 11 da referida resolução, ser inseridos posteriormente os dados faltantes por averbação, mediante a apresentação de documentação comprobatória, sem a necessidade de autorização judicial.

Exceção é prevista no art. 10 da referida resolução, já que, faltante o sobrenome do registrando no assento de nascimento ocorrido em país estrangeiro, faculta-se ao requerente a sua indicação, mediante declaração escrita que será arquivada, ou seja, não necessitará da apresentação de documentação comprobatória.

Não há limitação temporal para requerer o traslado de assento de nascimento ocorrido no exterior, razão pela qual o traslado deste assento ocorrido em país estrangeiro poderá ser requerido a qualquer tempo (art. 9º, Resolução n. 155, CNJ).

Interessante previsão no art. 12 da resolução é que, com a redação atual da alínea "c" do inciso I do art. 2 da Constituição Federal e do art. 95 do Ato das Disposições Constitucionais Transitórias (Emenda Constitucional n. 54, de 20 de setembro de 2007), o oficial de registro civil deverá, de ofício ou a requerimento do interessado ou mediante procurador, sem a necessidade de autorização judicial, efetuar averbação em traslado de assento consular de nascimento, cujo registro em repartição consular brasileira tenha sido lavrado entre 7 de junho de 1994 e 21 de setembro de 2007, declarando que o registrado é: "Brasileiro nato de acordo com o disposto no art. 12, inciso I, alínea "c", in limine, e do artigo 95 dos ADCTs da Constituição Federal".

Em síntese, o oficial deverá, de ofício ou mediante requerimento do interessado, averbar à margem dos assentos de nascimentos que foram trasladados, cujos registros tenham sido lavrados originariamente em repartição consular brasileira entre 07/06/1994 e 21/09/2007, o seguinte teor: "Brasileiro nato de acordo com o disposto no art. 12, inciso I, alínea "c", in limine, e do artigo 95 dos ADCTs da Constituição Federal".

Esta averbação também deverá tornar sem efeito eventuais informações que indiquem a necessidade de residência no Brasil e a opção pela nacionalidade brasileira perante a Justiça Federal, ou ainda expressões que indiquem tratar-se de um registro provisório, que não mais deverão constar na respectiva certidão (art. 12, parágrafo único da Resolução n. 155 do Conselho Nacional de Justiça).

21.2. Traslado de Casamento

O traslado de casamento é regulamentado pela Res. 155, CNJ, no art. 13, devendo ser requerido ao Oficial de Registro Civil das Pessoas Naturais com atribuição territorial, apresentando os seguintes documentos:

"a) certidão de assento de casamento emitida por autoridade consular brasileira ou certidão estrangeira de casamento legalizada por autoridade consular brasileira e traduzida por tradutor público juramentado;

b) certidão de nascimento do cônjuge brasileiro, ou certidão de casamento anterior com prova da sua dissolução, para fins do artigo 106 da Lei n° 6.015/1973;

c) declaração de domicílio do registrando na Comarca ou comprovante de residência/domicílio, a critério do interessado. Na falta de domicílio no Brasil, o traslado deverá ser efetuado no 1º Ofício do Distrito Federal; e

d) requerimento assinado por um dos cônjuges ou por procurador."

Pode-se incluir mais um documento obrigatório a ser apresentado, na hipótese de o casamento referir-se a brasileiro naturalizado, em que será obrigatória também a apresentação do certificado de naturalização ou outro documento que comprove a nacionalidade brasileira (art. 13, § 1º, Res. 155, CNJ).

Outro requisito obrigatório somente na hipótese de haver pacto antenupcial, deverá seguir a regra prevista no § 5º do art. 13 da citada Resolução, sendo condição para o traslado que primeiramente o pacto esteja registrado no Registro de Títulos e Documentos, com as demais formalidades preenchidas, conforme segue:

"Na eventual existência de pacto antenupcial, lavrado perante autoridade estrangeira competente, o oficial de registro civil deverá, antes de efetuar o traslado, solicitar que os interessados providenciem o seu registro em cartório de registro de títulos e documentos no Brasil, alertando-os que o documento deverá estar previamente legalizado por autoridade consular brasileira e tenha jurisdição sobre o local em que foi emitido e traduzido por tradutor público juramentado."

Fundamental o preenchimento destes requisitos, como a legalização consular, tradução por tradutor público juramentado e registro na Serventia de Títulos e Documentos (art. 129, item 6º da LRP), pois, como o ato que produzirá efeitos perante terceiros será somente o assento de casamento, é necessário que o pacto antenupcial, com remissão no assento, também tenha registro no Brasil para produzir efeitos.

Todavia, a omissão do regime de bens no assento de casamento, lavrado por autoridade consular brasileira ou autoridade estrangeira competente, não obstará o traslado, facultando-se a averbação do regime de bens posteriormente, sem a necessidade de autorização judicial, mediante apresentação de documentação comprobatória (art. 13, §§ 2º e 3º, Res. 155, CNJ).

O assento de casamento estrangeiro deve respeitar a legislação daquele país, por isso, a omissão dos requisitos previstos no art. 70 da LRP não impedirá o traslado, podendo acrescentá-los mediante averbação, com apresentação de documentação comprobatória, sem a necessidade de autorização judicial, inclusive para a alteração de nomes em decorrência do matrimônio.

Neste sentido afirmam os §§ 6º e 7º do art. 13 da resolução que "a omissão do(s) nome(s) adotado(s) pelos cônjuges após o matrimônio no assento de casamento ocorrido em país estrangeiro não obstará o traslado", e "nesse caso, deverão ser mantidos os nomes de solteiro dos cônjuges. Faculta-se a averbação posterior, sem a necessidade de autorização judicial, mediante apresentação de documentação comprobatória de que os nomes foram modificados após o matrimônio, em conformidade com a legislação do país em que os nubentes tinham domicílio, nos termos do art. 7 do Decreto-Lei nº 4.657/1942."

Suponhamos que em determinado país seja permitida a bigamia e um destes bígamos é brasileiro. O assento alienígena, ainda que preencha todos os requisitos e seja perfeitamente válido e eficaz no local em que foi celebrado, não poderá ser trasladado no Brasil, uma vez que ofende a ordem pública e os bons costumes.

Destarte, os casamentos celebrados por autoridades estrangeiras são considerados autênticos, nos termos da lei do local de celebração, conforme previsto no caput do art. 32 da Lei n. 6.015/1973, inclusive no que respeita aos possíveis impedimentos, desde que não ofendam a soberania nacional, a ordem pública e os bons costumes, nos termos do art. 17 do Decreto nº 4.657/1942 (art. 13, § 10, Res. 155, CNJ).

Por fim, segundo o art. 13, § 4º da resolução citada, do assento e da respectiva certidão deverá sempre constar a seguinte observação: "Aplica-se o disposto no art. 7º, § 4º, do Decreto-Lei nº 4.657/1942."

21.3. Traslado de Óbito

O art. 14 da Resolução n. 155 do Conselho Nacional de Justiça define os requisitos para ingresso no fólio registral do assento de óbito de brasileiro ocorrido em país estrangeiro, devendo o requerente apresentar os seguintes documentos, conforme segue:

> "a) certidão do assento de óbito emitida por autoridade consular brasileira ou certidão estrangeira de óbito, legalizada por autoridade consular brasileira e traduzida por tradutor público juramentado;
>
> b) certidão de nascimento e, se for o caso, de casamento do falecido, para fins do artigo 106 da Lei nº 6.015/1973; e
>
> c) requerimento assinado por familiar ou por procurador."

Entendemos, novamente, que a certidão estrangeira de óbito legalizada por autoridade consular brasileira e traduzida por tradutor público juramentado é título hábil a se apresentar no Registro Civil das Pessoas Naturais competente, dispensando-se, propositalmente, o registro na

Serventia de Títulos e Documentos, isso porque, conforme já explicitado, é despiciendo dois registros com a mesma finalidade, uma vez que o assento lavrado pelo oficial de registro civil já produzirá os efeitos almejados.

Ademais, tendo em vista que atualmente foi promulgado pelo Decreto n. 8.660/2016 a Convenção sobre a Eliminação da Exigência de Legalização de Documentos Públicos Estrangeiros, estes documentos estrangeiros também podem ser apresentados devidamente apostilados. Neste caso se dispensa a legalização consular.

Os elementos faltantes na certidão apresentada para transcrição referentes ao art. 80 da LRP não obstarão o traslado, pelo fundamento de que o ato lavrado pela autoridade estrangeira seguirá a legislação daquele país, sendo possível inserir posteriormente os dados faltantes mediante averbação, independentemente de autorização judicial.

21.4. Registro de Nascimento de Nascidos no Brasil Filhos de Pais Estrangeiros a Serviço de seu País

Todo o explicitado até então referiu-se a assentos de brasileiros, ainda que pendente de opção de nacionalidade (art. 12, inciso I, alínea "c", parte final, CF).

A Constituição Federal adotou no art. 12, inciso I, alínea "a", o critério *ius solis*, bastando que qualquer pessoa nascida em território nacional seja considerada brasileira nata, exceto se os pais estiverem a serviço de seu país.

Neste sentido Vicente Paulo e Marcelo Alexandrino doutrinam que "a constituição, porém, estabelece uma exceção ao critério *ius solis*, excluindo da nacionalidade brasileira os filhos de pais estrangeiros que esteja a serviço de seu país" (2014, p. 267).

Como a todo nascimento ocorrido em território nacional deve ser dado a registro, o art. 15 da Resolução 155 do CNJ estabeleceu que:

"Os registros de nascimento de nascidos no território nacional em que ambos os genitores sejam estrangeiros e em que pelo menos um deles esteja a serviço de seu país no Brasil deverão ser efetuado no Livro "E" do 1º Ofício do Registro Civil da Comarca, devendo constar do assento e da respectiva certidão a seguinte observação: "O registrando não possui a nacionalidade brasileira, conforme do art. 12, inciso I, alínea "a", in fine, da Constituição Federal.""

Portanto, o filho de pai estrangeiro a serviço de seu país não detém a nacionalidade brasileira, mas o seu nascimento deve ser dado a registro no livro "E" do 1º Ofício do Registro Civil da Comarca.

22. Retificações, Restaurações e Suprimentos

Preliminarmente, vamos analisar as retificações, que para fins didáticos podemos dividi-las em administrativas e judiciais.

A retificação administrativa é prevista no art. 110 e incisos da Lei n. 6.015/1973, com redação e inclusões dadas pela Lei n. 13.484/2017, a saber:

> "Art. 110. O oficial retificará o registro, a averbação ou a anotação, de ofício ou a requerimento do interessado, mediante petição assinada pelo interessado, representante legal ou procurador, independentemente de prévia autorização judicial ou manifestação do Ministério Público, nos casos de:
>
> I - erros que não exijam qualquer indagação para a constatação imediata de necessidade de sua correção;
>
> II - erro na transposição dos elementos constantes em ordens e mandados judiciais, termos ou requerimentos, bem como outros títulos a serem registrados, averbados ou anotados, e o documento utilizado para a referida averbação e/ou retificação ficará arquivado no registro no cartório;
>
> III - inexatidão da ordem cronológica e sucessiva referente à numeração do livro, da folha, da página, do termo, bem como da data do registro;

IV - ausência de indicação do Município relativo ao nascimento ou naturalidade do registrado, nas hipóteses em que existir descrição precisa do endereço do local do nascimento;

V - elevação de Distrito a Município ou alteração de suas nomenclaturas por força de lei."

Destrinchando o artigo citado, podemos concluir inicialmente que a retificação administrativa, procedida à margem do assento, pode corrigir elementos referentes ao registro propriamente dito, bem como às averbações e anotações.

Essa retificação pode ser de ofício ou a requerimento do interessado, que neste caso, deverá ser mediante petição assinada pelo próprio interessado, representante legal ou procurador. Assim, o oficial tem entre suas atribuições a possibilidade de retificar de ofício os assentos dos quais possua guarda. Se lhe for solicitado a retificação administrativa pelo interessado, este deverá demonstrar que o registro se refere a si próprio ou então que é representante legal daquele em nome de quem está lavrado o registro. O interessado pode ser representado por procurador, desde que a procuração seja pública ou particular com firma reconhecida.

O oficial deverá promover a retificação, se se encaixar em uma das hipóteses legais, independente de prévia autorização judicial ou manifestação do Ministério Público.

Nos casos em que a retificação decorra de erro imputável ao oficial, por si ou por seus prepostos, não será devido pelos interessados o pagamento de selos e taxas (art. 110, § 5º da Lei n. 6.015/73).

Se a opção for pela retificação judicial ou hipótese de restauração e suprimento, deverá seguir o rito previsto no art.

109 da LRP em pedido postulado por advogado. Se a sentença for procedente, será expedido mandado de averbação de retificação, restauração ou suprimento de assento que, caso tenha que ser cumprido por oficial de registro pertencente a comarca diversa, deverá conter o "cumpra-se" do juiz corregedor permanente ao qual está vinculado.

O enunciado n. 43 da ARPEN-SP expõe que:

"Enunciado 43: Apesar de o Capítulo XVII não mais mencionar a necessidade de "Cumpra-se" para cumprir mandado de retificação vindo de outra comarca (antigo 130.2), o §5º do artigo 109 da Lei de Registros Públicos, faz esta exigência. O encaminhamento deverá ser feito até que haja posicionamento da Corregedoria Permanente ou da Corregedoria Geral mencionando a dispensa. Ressaltando que a exigência de "cumpra-se" é apenas para mandados de retificação, restauração ou suprimento de registro civil."

É importante frisar a distinção de restauração, suprimento e conservação.

Essa distinção entre restauração e suprimento foi exposta por Mario de Carvalho Camargo Neto e Marcelo Salaroli de Oliveira nos seguintes termos:

"A restauração do registro civil tem aplicação quando extraviada ou deteriorado o livro dos serviços notarial e registral, no todo ou em parte, de modo que inviabiliza a leitura. O suprimento de registro civil tem lugar em caso de assento omisso em alguma informação que dele deveria constar, ou até em caso de assento que não foi lavrado, porém, teve certidão expedida, que produziu efeitos e direitos (chamadas certidões avulsas). A distinção entre a restauração e o suprimento está no fato de que a primeira se destina a refazer algo que existiu e se extraviou, enquanto que o suprimento se destina a fazer algo que deveria ter sido feito, mas não foi." (2014, II, p. 215/216).

Já a conservação dos livros e documentos não se confunde com restauração ou suprimento, pois são atos que não alteram ou modificam o conteúdo do registro, tampouco retifica, restaura ou supre. Inclusive é dever dos oficiais manter o acervo conservado sob pena de responsabilização (arts. 24 da LRP e 46 da Lei n. 8.935/94).

Com efeito, por ser dever do oficial zelar e manter a conservação dos livros e documentos do cartório, para tanto, não dependerá de qualquer manifestação ou autorização judicial.

O Provimento n. 23 do Conselho Nacional de Justiça, datado de 24 de outubro de 2012, disciplinou a possibilidade de restauração administrativa de livro do serviço extrajudicial, hipótese em que deverá ser comunicado o extravio ou danificação que impeça a leitura e o uso, no todo ou em parte, de qualquer livro do serviço extrajudicial de notas e de registro, ao Juiz Corregedor, assim considerado aquele definido na órbita estadual e do Distrito Federal como competente para a fiscalização judiciária dos atos notariais e de registro, e à Corregedoria Geral da Justiça (art. 1º do provimento já citado).

Ademais, a autorização para restauração administrativa de livro do serviço extrajudicial de registro, extraviado ou danificado, deverá ser solicitada ao Juiz Corregedor pelo Oficial de Registro competente para a restauração e poderá ser requerida pelos demais interessados (art. 6º, referido provimento). Frise-se que o art. 6º citado utiliza a expressão "deverá" quando se refere ao oficial de registro, e para os demais interessados a expressão utilizada foi "poderá". Assim, podemos concluir que o oficial possui a obrigação de solicitar a autorização para restauração de livro, ao passo que aos demais interessados essa solicitação é facultativa.

A restauração poderá ser no livro todo ou apenas na parte em que se encontra extraviado ou deteriorado (parágrafo único do art. 6º da Prov. 23, CNJ).

Sendo autorizada a restauração pelo Juiz Corregedor Permanente, esta será realizada desde logo à vista dos elementos constantes dos índices, arquivos, traslados, certidões e outros documentos apresentados pelo Oficial de Registro ou pelos demais interessados, podendo o juiz competente requisitar novas certidões e cópias de livros, assim como cópias de outros documentos arquivados na serventia (arts. 7º e 8º do provimento já citado).

O art. 9º do Prov. 23/2012 do CNJ definiu como competente para o pedido judicial de restauração o foro do domicílio da pessoa legitimada para pleiteá-la, com a ressalva de que, quando proveniente de jurisdição diversa, o mandado autorizando a restauração deverá receber o "cumpra–se" do Juiz Corregedor a que estiver subordinado o Registro Civil das Pessoas Naturais no qual lavrado o assento a ser restaurado, nos termos do art. 109, § 5º da LRP.

O Provimento n. 23/2012 do Conselho Nacional de Justiça regulamenta tão somente o extravio ou a deterioração de livros do registro civil, ou seja, a respeito dos casos de restauração. Entendemos que este provimento também é plenamente aplicável às hipóteses de suprimento de assento, total ou parcialmente.

Referência Bibliográficas

ALEXANDRINO, Marcelo; PAULO, Vicente. *Direito Administrativo Descomplicado*. 22ª Ed. São Paulo: Método, 2014.

ALEXANDRINO, Marcelo; PAULO, Vicente. *Direito Constitucional Descomplicado*. 12ª Ed. São Paulo: Método, 2014.

CAMARGO NETO, Mario de Carvalho; OLIVEIRA, Marcelo Salaroli de. *Registro Civil das Pessoas Naturais I*: Parte Geral e Registro de Nascimento. São Paulo: Saraiva, 2014.

CAMARGO NETO, Mario de Carvalho; OLIVEIRA, Marcelo Salaroli de. *Registro Civil das Pessoas Naturais II*: Habilitação e Registro de Casamento, Registro de Óbito e Livro "E". São Paulo: Saraiva, 2014.

CHAVES, Carlos Fernando Brasil; REZENDE, Afonso Celso F. *Tabelionato de Notas e o Notário Perfeito*. 7ª Ed. São Paulo: Saraiva, 2013.

DIP, Ricardo; JACOMINO, Sérgio. *Registros Públicos e Legislação Correlata*. 3ª Ed. São Paulo: Revista dos Tribunais, 2014.

SILVA, de Plácido e. *Vocabulário Jurídico*. 27ª Ed. Rio de Janeiro: Forense, 2008.

TARTUCE, Flávio. *Manual de Direito Civil*: Volume Único. 4ª Ed. São Paulo: Método, 2014.

www.ingramcontent.com/pod-product-compliance
Lightning Source LLC
Chambersburg PA
CBHW071528220526
45469CB00003B/691